und RACLETTE HEISSER STEIN

ErlebnisKüche

ERLEBNISKÜCHE

Margit Gutta

RACLETTE UND HEISSER STEIN

Die Gerichte für dieses Buch fotografierten
Wolfgang und Christel Feiler

FALKEN

Inhalt

Liebe Leserin, lieber Leser,

der FALKEN Verlag ist seit vielen Jahren einer der führenden deutschen Kochbuchverlage. Das kompetente Redaktionsteam mit erfahrenen Ernährungswissenschaftlerinnen, ein Stamm von namhaften Autoren, kreativen Grafikdesignern und Fotografen gewährleisten die gleichbleibend hohe Qualität unserer Bücher. Viele Menschen tragen zum Gelingen unserer Kochbücher bei, und auch auf Ihr Urteil möchten wir dabei nicht verzichten. Wir freuen uns über kritische Anmerkungen ebenso, wie über Lob. Wir wünschen Ihnen guten Appetit und daß das Kochen für Sie zum Erlebnis wird.

Ihr FALKEN Küchenteam

Selbst ist der Koch

Gemeinsam mit netten Menschen am Tisch zu sitzen, sich zu unterhalten und dabei zu essen – das bereitet vielen Vergnügen. In der Regel bedeutet dies aber für Gastgeberin oder Gastgeber Hektik und Streß. Es muß viel vorbereitet werden, und auch wenn die Gäste da sind, ist doch der ein oder andere Weg in die Küche oder zum Herd zu machen. Man muß etwas aufwärmen, braten oder fertigstellen, bevor die Speise serviert werden kann.

Damit ist Schluß, seit es die praktischen Tischgargeräte, wie Raclette und heißer Stein, gibt. Die Vorbereitung geht schnell und läßt sich zum Teil schon am Tag vor der Einladung erledigen. Und wenn die Gäste da sind, mischt man sich einfach darunter und genießt das gemeinsame Kochen am Tisch. Jeder ist sein eigener Küchenmeister, die Zutaten können nach individuellen Vorlieben zu eigenen Kreationen zusammengestellt werden, und das gemeinsame Essen kann sich ohne große Umstände über Stunden hinwegziehen – es wird ja nichts kalt. Wie schön!

Das richtige Handwerkszeug

Im Handel findet man ein Fülle unterschiedlicher Raclettegeräte, heißer Steine und Kombigeräte. Wichtig ist, daß man sich beim Kauf für das Gerät entscheidet, welches auf die eigenen Bedürfnise am besten zugeschnitten ist. Und seien Sie nicht zu sparsam. Wer erst einmal Spaß gewonnen hat am Garen bei Tisch, den läßt diese Art der „Erlebnisgastronomie“ nicht mehr los, und eine gute Ausrüstung macht sich schnell bezahlt.

Für zart-schmelzende Genüsse – das Raclettegerät

Die Vielfalt ist groß. In der Regel werden Raclettegeräte elektrisch beheizt und haben (je nach Größe) 4, 6 oder 8 Einschubmöglichkeiten für die Pfännchen, in denen sich das Gargut befindet. Vielen Geräten werden spezielle Holzschaber beigelegt, mit denen man den Pfänncheninhalt auf den Teller schieben kann. Gerade bei antihaftbeschichteten Pfännchen sind diese Schaber unentbehrlich, da sie die empfindliche Oberfläche nicht verkratzen oder beschädigen.

Die Oberseite der Raclettegeräte kann unterschiedlich gestaltet sein. Häufig besteht sie aus einer Abdeckplatte, auf der man eine Schüssel mit Pellkartoffeln (die sind beim Racletteessen ein absolutes Muß) zum Warmhalten abstellen kann. Andere Geräte haben statt der Abdeckplatte eine Garplatte. Dann bezeichnet man das Gerät als sogenanntes Kombigerät (siehe auch Seite 7).

Das richtige Handwerkszeug und frische Lebensmittel garantieren optimalen Eßgenuß.

Für knuspriges Bratvergnügen – der heiße Stein

Der ursprüngliche heiße Stein bestand aus einer flachen Natursteinplatte, die im Backofen erhitzt und dann in eine Halterung gelegt wurde. Mit Hilfe von 2 Rechauds wurde der Stein dann während des Bratens heißgehalten.

Modernere Geräte werden heute elektrisch betrieben. Ein separates Erhitzen der Steinplatte ist meist nicht mehr erforderlich. Beachten Sie aber in jedem Fall die Gebrauchsanweisung Ihres Geräteherstellers, wenn es um die erste Inbetriebnahme, ums Vorheizen und ums Reinigen des Steins geht, damit nichts schiefgehen kann.

Die Reinigung der Steinplatte kann ab und an etwas problematisch sein, besonders dann, wenn sie nach dem Abkühlen nicht gleich gesäubert wird. Am besten ist es, Sie waschen den abgekühlten Stein gleich, und kratzen eventuell anhaftende Bratreste mit einem Holzspatel vorsichtig ab.

Für vielseitigen Gargenuß – das Kombigerät

Zwei Herzen schlagen in seiner Brust – zum einen ist es ein Raclettegerät, zum anderen zaubert es köstlich Gebratenes. Die Entwicklung des Kombigeräts hat seinen Grund, ermöglicht es doch unzählige kulinarische Möglichkeiten. Während oben Fleisch, Geflügel und Co. brutzeln, überbacken unten unter der Grillschlange köstliche Beilagen. So lassen sich ganze Menüs am Tisch zaubern.

Die Oberseite der Kombigeräte kann unterschiedlich beschaffen sein. Einige haben eine Metallplatte (entweder mit glatter oder gewellter Oberfläche), andere eine Steinplatte. Für welche der beiden Varianten Sie sich entscheiden, sei Ihnen überlassen. Falls Sie jedoch gerne einmal Bratlinge, Puffer, Pfannkuchen oder Crêpes backen möchten, dann sollten Sie sich für ein Kombigerät mit glatter Platte oder mit einem Stein entscheiden.

Garvergnügen wie noch nie

Generelle „Spielregeln"

Bevor Sie Ihr Raclettegerät oder Ihren heißen Stein das erste Mal bei einer Einladung einsetzen, ist es ratsam, das Gerät einmal im kleinen Familienkreis auszuprobieren. So können Sie sich mit Handhabung, Garzeiten und anderem vertraut machen und bekommen ein Gefühl dafür.

Der heiße Stein muß je nach Gargut mit etwas Öl eingepinselt werden. Wurden Fleisch, Geflügel und Fisch zuvor in eine Ölmarinade eingelegt, entfällt meist das Einfetten.

Da es beim Garen auf dem heißen Stein doch einmal den ein oder anderen Fettspritzer gibt, empfiehlt es sich, das Gerät nicht direkt unter eine Tischlampe zu stellen. Auch die teure Damasttischdecke ist nicht unbedingt angesagt. Besser sind Lacktischdecken (gibt es in vielen Farben und mit hübschen Mustern) oder eine hübsche, einfache Tischdecke, die man gut waschen kann. Übrigens, das teure Lieblingskostüm sollte auch im Schrank bleiben. Zu schade wäre ein Fettfleck, der die gute Laune verdirbt.

Das richtige Gargut

Auf dem heißen Stein können Sie in der Regel all das braten, was Sie auch in der Pfanne garen oder auf den Grill legen. Besonders geeignet sind dünngeschnittene Schnitzel, Steaks und Koteletts von Rind, Schwein, Lamm und Wild, zarte Brustfilets vom Geflügel, Filetmedaillons, Hacksteaks und kleine Würstchen sowie Fischfilets und -koteletts, Garnelen, Gemüsescheiben, Pilze und Obststücke. Sehr flüssiges Gargut (z.B. Tomatenscheiben) sollten Sie möglichst meiden, da es stark spritzt und beim Braten durch die austretende Flüssigkeit nicht knusprig werden kann. Ebenso kann schnell Anhängendes (z.B. Spiegeleier, Pfannkuchen und Crêpes) Probleme bereiten. Aber mit ein bißchen Übung und mit einem gut eingefetteten Stein gelingen auch diese Speisen.

Zum Garen im Raclette oder auf dem heißen Stein eignet sich fast alles.

Fürs Garen im Raclette eignet sich fast alles. Angefangen von gegarten Kartoffeln, Gemüse (sehr feste Gemüsesorten sollten Sie kurz vorgaren) und Pilzen, über Garnelen, Räucherfisch, Wurst und Schinken bis hin zu kleinen Frikadellen, Bratlingen und Obst reicht die Palette. Dazu gehört in der Regel Käse zum Gratinieren. Verwenden Sie hier am besten Sorten mit mindestens 30% Fett in der Trockenmasse, denn diese schmelzen schön cremig. Ob Sie nun einen Schnittkäse, einen Edelpilzkäse (Blauschimmelkäse), Mozzarella, Schafskäse (Feta) oder auch klassischen Raclettekäse nehmen, richtet sich nach Ihrem Geschmack und dem Ihrer Gäste. Und natürlich nach den Zutaten, die Sie damit überbacken möchten.

Damit auch das Auge etwas hat, hier ein paar Tips zum Anrichten von Käse. Hübsch sieht es aus, wenn Sie Käsescheiben gleich in Quadrate schneiden (passend zur Pfännchengröße) und diese sich leicht überlappend auf eine Platte legen. Oder Sie stechen aus dicken Käsescheiben verschiedene Figuren (z.B. Herzen oder Blüten) aus.

Alle Zutaten, die man in die Pfännchen geben möchte, sollten möglichst klein geschnitten sein, damit sie gut hineinpassen. Vieles läßt sich bereits am Vortag vorbereiten und, auf einer Platte oder in einer Schüssel angerichtet, mit Frischhaltefolie zugedeckt (damit die Zutaten nicht austrocknen) im Kühlschrank aufbewahren.

Wichtig beim Garen im Raclette ist es, daß Sie die Pfännchen nicht zu hoch füllen, denn sonst passen sie nicht in die Einschübe.

Wir laden ein

Es gibt Lebenskünstler, die spontan Feste gestalten können, aber zu dieser Spezies gehört nun mal nicht jeder. Wer relativ selten Gäste bewirtet, der fühlt sich sicherer, wenn die Einladung in Ruhe geplant und vorbereitet wird. Bedenken Sie auch, als Gastgeberin und Gastgeber übernehmen Sie für einige Stunden die Mitverantwortung für den harmonischen Verlauf eines Abends und möchten Ihren Gästen ein attraktives Erlebnis schenken.

Nachfolgend ein paar Tips für die optimale Planung und Vorbereitung:

Vorüberlegungen

- Welches Gerät soll zum Einsatz kommen?
- Wieviel Gäste möchte ich einladen? Reicht dann die Kapazität des Gerätes, oder muß ich mir noch ein zweites ausleihen? In der Regel rechnet man 4 bis 8 Personen pro Gerät. Diese Anzahl paßt außerdem gut an einen großen Eßtisch und bildet eine überschaubare, angenehme Tischrunde.

- Muß ich auf bestimmte Essenswünsche meiner Gäste Rücksicht nehmen? Mancher verträgt z.B. aus gesundheitlichen Gründen bestimmte Speisen nicht oder muß auf sie verzichten, andere leben vegetarisch oder meiden Alkohol. Und gerade Kinder mögen nicht alles.
- Möchte ich die Einladung unter ein Motto stellen (z.B. „Italienischer Abend“)? Wenn ja, dann sollten sowohl Einladungskarten, Tischdekoration und Menüzusammenstellung auf das Thema abgestimmt sein.
- Wie soll die Tischdekoration aussehen?
- Welche Gerichte serviere ich? Welche Beilagen, welches Dessert? Im Rezeptteil dieses Buches finden Sie neben Rezepten für Hauptgerichte auch viele Ideen für Salate, Beilagen, Saucen, Dips und Desserts. Lassen Sie sich überraschen!
- Welche Getränke reiche ich dazu (siehe dazu auch Seite 102)?
- Habe ich ausreichend Geschirr, Besteck und Gläser?
- Wann kaufe ich ein?
- Wann bereite ich alles vor?

Kleiner Organisationsplan

4 Wochen vor der Einladung

Speiseplan entwerfen und Einkaufsliste schreiben. Gästeliste erstellen und Einladungskarten (mit Bitte um Rückantwort) verschicken.

1 Woche vorher

Getränke besorgen. Falls eine ausgefallene Tischdekoration geplant ist, das Material dafür besorgen. Lebensmittel vorbestellen (z.B. Brot, Fisch und Fleisch).

3 Tage vorher

Länger haltbare Lebensmittel kaufen (Käse, Kartoffeln, Reis, Nudeln etc.).

1 Tag vorher

Falls Saucen serviert werden, diese schon zubereiten und, in Schälchen gefüllt, zugedeckt im Kühlschrank lagern. Frische Lebensmittel kaufen. Sie eventuell schon vorbereiten (kleinschneiden, anrichten, mit Folie zudecken und im Kühlschrank lagern). Falls Lebensmittel über Nacht mariniert werden müssen, dies tun.

Am Tag der Einladung

Alle Gerichte, die noch nicht angerichtet sind, vorbereiten, anrichten und, mit Folie zugedeckt, bis zum Servieren kühlstellen.
Den Tisch decken. Die Getränke bereitstellen und gegebenenfalls kühlen. Kurz vor Eintreffen der Gäste Gargut, Salate, Saucen, Brot und Co. auf den Tisch stellen.

Bevor Sie sich nun von uns durch die ErlebnisKüche führen lassen, hier noch einige Tips zum Umgang mit den Rezepten.

Das geeignete Gerät
Der Rezeptkopf gibt Ihnen Auskunft darüber, für welches Gerät das Gericht gedacht ist.

Die Portionsangaben
Alle Gerichte sind für 4 Personen vorgesehen. Die Portionsgrößen sind generell nicht zu üppig bemessen, da wir davon ausgehen, daß Sie immer mehrere in Kombination anbieten möchten.

Die Vor- und Zubereitungszeit
Bei den Gerichten, die mit einem Gerät zubereitet werden, geben wir die Zeit an, die Sie benötigen, um das ganze Gericht bis zum Servieren vorzubereiten. Bei Beilagen und Saucen hingegen ist die komplette Zubereitungszeit ausgewiesen. Sollten einmal längere Zeitspannen auftreten, in denen Sie nichts zu tun haben, so haben wir diese gesondert in Klammern aufgeführt. Alle Zeitangaben beruhen auf durchschnittlichen Erfahrungswerten.

Die Kalorienangaben
Sie beziehen sich immer auf 1 Portion des Gerichts.

Die Beilagentips
Hier finden Sie besonders gut zum Gericht passende „Begleiter“.

Die Zutatenmengen
Wenn nicht anders angegeben, gehen wir von ungeputzter Rohware aus. Das ermöglicht Ihnen ein unkompliziertes Einkaufen nach der im Rezept angegebenen Zutatenliste. Eine Ausnahme bilden fertig gehackte Kräuter, die es tiefgefroren zu kaufen gibt. Sie können die angegebene Kräutermenge selbstverständlich durch frische Ware ersetzen. Dabei entsprechen 2 Eßlöffel gehackte Kräuter in etwa ½ Bund frischer Kräuter.
Bei Stückangaben (z.B. 1 Zucchini) beziehen wir uns auf ein Stück mittlerer Größe.

Tips vom Küchenteam
Sie finden hier neben Getränkeempfehlungen nützliche Informationen zur Küchenpraxis.
Darüber hinaus erhalten Sie von uns Anregungen, wie Sie einzelne Zutaten austauschen oder das Gericht auch einmal auf andere Art zubereiten können.

Die Infotexte
In den Rezeptteil dieses Buches haben wir kleine Infotexte eingestreut, die Ihnen besonders interessante Dinge über einzelne Zutaten verraten. Um Ihnen den Zugriff auf diese Informationen zu erleichtern, haben wir die Überschriften der Texte in das Verzeichnis „Rezepte und Schlagwörter auf einen Blick“ (Seite 124) aufgenommen.

Die Abkürzungen

TL	= Teelöffel (gestrichen)
EL	= Eßlöffel (gestrichen)
Msp.	= Messerspitze
g	= Gramm (1000 g = 1 kg)
kg	= Kilogramm
ml	= Milliliter (1000 ml = 1 l)
l	= Liter
kcal	= Kilokalorien
TK-…	= Tiefkühl-…
Ø	= Durchmesser
Min.	= Minuten
Std.	= Stunde (n)

Die Autorin und die FALKEN Kochredaktion wünschen Ihnen viel Vergnügen beim Schmökern im Buch und viel Freude beim Nachkochen der Rezepte.

Die pure Fleischeslust

Schon unsere Urahnen in grauester Vorzeit beherrschten die Methode, ihre Jagdbeute, in Einzelstücke zerlegt, auf heißen Steinen am Feuer zu schmackhaften Braten werden zu lassen.
Und was sich über Jahrtausende bewährt hat, das übt auch auf uns heute noch einen ungebrochenen Reiz aus. Der zarte Duft von gebratenem Fleisch und Geflügel, kombiniert mit dem feinen Aroma frischer Kräuter und anderen Würzzutaten, – das läßt wohl jedem das Wasser im Munde zusammenlaufen.
Zum Garen auf dem heißen Stein eignet sich alles, was man auch auf dem Grill oder in der Pfanne kurzbrät: Lammkoteletts, Schweine- und Rindersteaks, Fleischspießchen und vieles mehr. Und auch bei den Raclettegerichten kann man seiner „Fleischeslust" frönen. Schinken, gekocht oder roh, Speck und Roastbeef beispielsweise, verleihen den gratinierten Köstlichkeiten die besondere Note.
Genug der Vorrede, auf den nächsten Seiten erwarten Sie raffinierte Rezepte mit Fleisch und Geflügel – lassen Sie sich überraschen!

Roastbeef mit Cheddar

Zutaten

12 dicke Scheiben gebratenes Roastbeef à 40 g
schwarzer Pfeffer
300 g Preiselbeeren aus dem Glas
300 g Cheddar
2 Bund Frühlingszwiebeln

schnell · festlich

- Für das Raclettegerät
- Für 4 Personen
- Vorbereitungszeit: ca. 15 Min.
- ca. 640 kcal je Portion
- Dazu passen Pellkartoffeln und der Avocado-Bohnen-Salat (S. 79)

1. Die Roastbeefscheiben kreisförmig auf einer großen Platte anrichten. Mit frisch gemahlenem Pfeffer würzen.

2. Die Preiselbeeren in eine flache Glasschale geben und in die Mitte der Platte stellen.

3. Den Cheddar in dicke Scheiben schneiden und dann in kleine Dreiecke oder Streifen zerteilen. Die Frühlingszwiebeln putzen, waschen und in Röllchen schneiden. Sie zusammen mit dem Käse auf einem Teller anrichten.

Zubereitung am Tisch

4. Das Raclettegerät vorheizen. In die Pfännchen jeweils ½ Scheibe Roastbeef, 1 Teelöffel Preiselbeeren, einige Frühlingszwiebelröllchen und etwas Cheddar geben. Das Ganze im Raclettegerät gratinieren, bis der Käse schmilzt.

Tips *vom Küchenteam*

- *Ein roter Burgunder paßt hervorragend zu diesem Gericht.*
- *Am besten lassen Sie sich das Roastbeef vom Metzger in dicke Scheiben schneiden.*
- *Probieren Sie auch einmal folgende Variation aus: Nehmen Sie statt Roastbeef mild geräucherte Putenbrust, und schneiden Sie diese in Scheiben von etwa 2 mm Dicke. Die Scheiben dann, je nach Größe, halbieren oder vierteln und auf einer Platte anrichten. Zusätzlich zu den Preiselbeeren können Sie noch etwa 200 g grüne oder blaue Weintrauben verwenden.*

Cheddar

Das Städtchen Cheddar in der englischen Grafschaft Somerset ist Namenspatronin für die heute weltweit bekannteste Käsesorte. Die Ursprünge der Cheddar-Herstellung lassen sich bis ins 12. Jahrhundert zurückverfolgen.
Da Cheddar außer in England (in Somerset und Südschottland) auch in den USA, in Australien und in Neuseeland produziert wird, ist Cheddar nicht gleich Cheddar. Nur noch wenige Käsereien in England arbeiten nach den traditionellen, aufwendigen Verfahren. Ursprünglich aus Schafsmilch, wird britischer Cheddar heute nur noch aus Kuhmilch hergestellt. Die zylindrisch geformten Käselaibe gibt es in unterschiedlicher Größe, mit einem Gewicht zwischen 4 und 27 kg. Cheddar wird oft eingefärbt. Den bekannten orangefarbenen Ton erzielt man durch Zugabe von Pflanzenfarbstoffen.

Hier, im englischen Städtchen Cheddar, liegt der Ursprung des weltweit bekannten und würzigen Käses.

Stilton mit Parmaschinken und Melone

Zutaten
1 kleine Honigmelone
2 EL Sherry
1 Zitrone
schwarzer Pfeffer
150 g hauchdünn geschnittener Parmaschinken
300 g Stilton
etwas Zitronenmelisse zum Garnieren

leicht · würzig
- Für das Raclettegerät
- Für 4 Personen
- Vorbereitungszeit: ca. 20 Min.
- ca. 540 kcal je Portion
- Dazu passen Baguette und Rucola mit Pecorino (S. 75)

1. Die Honigmelone halbieren und die Kerne mit einem Löffel herausschaben. Mit einem Kugelausstecher aus dem Melonenfleisch Kugeln herauslösen und sie dann in eine Schüssel legen.

2. Sherry, Zitronensaft und etwas Pfeffer miteinander verrühren. Unter die Melonenkugeln mischen. Bis zum Servieren in den Kühlschrank stellen.

3. Den Parmaschinken zu „Tütchen" drehen und auf einer Platte dekorativ anrichten. Den Stilton in kleine Würfel schneiden und mit auf die Platte legen. Alles mit Zitronenmelisse garnieren.

4. Die Melonenkugeln in einer Glasschale anrichten und zusammen mit der Schinken-Käse-Platte auf den Tisch stellen.

Zubereitung am Tisch
5. Das Raclettegerät vorheizen. Etwas Schinken, einige Melonenkugeln und etwas Stilton in ein Raclettepfännchen geben. Das Ganze im Raclettegerät überbacken, bis der Käse schmilzt.

Tips *vom Küchenteam*

- *Melonen sind reif, wenn sie auf Fingerdruck leicht nachgeben und einen feinen, honigähnlichen Duft verströmen.*
- *Auch mit Gorgonzola, Bavariablue und anderen Blauschimmelkäsesorten ist dieses Gericht ein Genuß.*

Stilton

Der berühmteste britische „Blue cheese" ist der Stilton. Er wird oft als königlicher Käse, als „royal cheese", bezeichnet. In der Region Leicestershire und in den angrenzenden Grafschaften Derbyshire und Nottinghamshire stellt man den Blauschimmelkäse seit vielen hundert Jahren her. Bei uns kann man ihn in zwei verschiedenen Varianten kaufen: entweder als gleichmäßig blaumarmorierten oder als kreideweißen Käse mit dunkelblauen Adern. Je nach Reifestadium und Herstellung schmeckt Stilton säuerlich bis salzig-pikant oder mild bis kräftig.

Hähnchenspieße mit Erdnußsauce

Für die Spieße
600 g Hähnchenbrustfilets
4 EL Distelöl
2 EL Zitronensaft
2 EL Weinbrand (Cognac)
schwarzer Pfeffer
1 EL Sojasauce
1 EL gehackte Petersilie

Für die Sauce
100 g Erdnußkerne
1 Becher Naturjoghurt (150 g)
1 EL Zitronensaft
schwarzer Pfeffer
etwas Salz
etwas Chilipulver

aus Indonesien · würzig

* Für den heißen Stein
* Für 4 Personen
* Vorbereitungszeit: ca. 15 Min. (plus ca. 45 Min. Marinierzeit)
* ca. 350 kcal je Portion
* Dazu paßt Fladenbrot oder Reis (S. 82)

1. Die Hähnchenbrustfilets kalt abspülen, mit Küchenpapier trockentupfen und in etwa 2 cm große Stücke schneiden. Diese auf 8 Spieße stecken und auf eine Platte legen.

2. Öl, Zitronensaft, Weinbrand, Pfeffer, Sojasauce und Petersilie zu einer Marinade verrühren. Diese gleichmäßig über die Spieße träufeln oder sie damit einstreichen. Die Spieße zugedeckt im Kühlschrank etwa 45 Minuten marinieren. Sie zwischendurch dreimal wenden.

3. In der Zwischenzeit die Erdnußkerne im Mixer fein hacken und in eine Schüssel geben. Joghurt und Zitronensaft darunterrühren und die Sauce mit Pfeffer, Salz sowie etwas Chilipulver würzig abschmecken.

4. Die Sauce in eine große oder in mehrere kleine Schüsseln geben. Die Spieße aus dem Kühlschrank nehmen.

Zubereitung am Tisch

5. Den heißen Stein erhitzen. Die Hähnchenspieße darauf in etwa 8 Minuten von allen Seiten goldbraun braten. Nach Geschmack frisch gemahlenen Pfeffer und etwas Salz darüberstreuen. Die Erdnußsauce dazu essen.

Würzig-pikante Fleischgerichte mit Erdnußsauce zählen in Indonesien, einem riesigen Inselreich, zu den besonderen Spezialitäten.

Tips *vom Küchenteam*

- *Servieren Sie zu den Hähnchenspießen einen trockenen Weißwein oder Tee.*
- *Wenn Sie Koriandergrün kaufen können, verwenden Sie es anstelle der Petersilie für die Marinade. Sie bekommt dann ein typisch asiatisches Aroma.*
- *Hübsch sieht es aus, wenn Sie das Hähnchenfleisch in dünne Streifen schneiden und diese so auf die Spieße stecken, daß sie jeweils am Anfang und am Ende durchstochen werden.*

Zutaten

600 g Putenbrust oder 4 dicke Putenschnitzel
4 EL Öl
2 EL Portwein
schwarzer Pfeffer
Paprikapulver rosenscharf
etwas Öl zum Bestreichen
etwas Salz
8 dünne Scheiben Schinkenspeck ca. 100 g
16 weiche Backpflaumen ohne Stein

Putenspieße mit Speckpflaumen

schnell · deftig

- Für den heißen Stein
- Für 4 Personen
- Vorbereitungszeit: ca. 20 Min.
- ca. 490 kcal je Portion
- Dazu passen Vierfruchtchutney (S. 106) und Orientalischer Reis (S. 84)

1. Das Putenfleisch kalt abspülen, mit Küchenpapier trockentupfen und in etwa 2 cm große Würfel schneiden.

2. Öl, Portwein, Pfeffer und Paprikapulver verrühren. Die Fleischstücke darin wenden.

3. Die Schinkenscheiben längs halbieren. Jede Backpflaume mit einer Schinkenscheibe umwickeln.

4. Jeweils einige Putenstücke und 2 Pflaumen auf insgesamt 4 große oder 8 kleine Spieße stecken. Diese auf einem Teller anrichten.

Zubereitung am Tisch

5. Den heißen Stein erhitzen. Die Spieße mit etwas Öl bestreichen und auf dem heißen Stein von allen Seiten 6 bis 8 Minuten braten. Sie dann mit Paprikapulver, Pfeffer und Salz würzen. Die Spieße sofort servieren.

Tips *vom Küchenteam*

- *Servieren Sie zu den Putenspießen einen Weißwein, z.B. einen Chablis oder aber einen Muscadet.*
- *Für die Speckpflaumen eignen sich Kurpflaumen besonders gut, denn sie sind schön weich und sehr aromatisch.*

Putenleberspieße mit Ananas

schnell · fruchtig
- Für den heißen Stein
- Für 4 Personen
- Vorbereitungszeit: ca. 20 Min.
- ca. 430 kcal je Portion
- Dazu passen Baguette oder Kräuterreis (S. 82), Bananen-Curry-Dip (S. 99) und Blattsalat

Zutaten

600 g Putenleber
6 Scheiben frische Ananas
6 EL Öl
1 EL Sojasauce
1 TL Currypulver
1 Msp. Paprikapulver edelsüß
schwarzer Pfeffer
etwas Salz
2 Zwiebeln
etwas Öl zum Bestreichen

1. Die Putenlebern kalt abspülen, mit Küchenpapier trockentupfen und in etwa 2 cm große Stücke schneiden.

2. Die Ananasscheiben schälen und die harten Mittelstrünke herausschneiden. Die Scheiben dann in jeweils 6 Segmente schneiden.

3. Putenleber- und Ananasstücke abwechselnd auf Spieße stecken. Rundherum mit etwas Öl bestreichen und auf einer Platte anrichten. Das restliche Öl mit Sojasauce, Curry- und Paprikapulver, Pfeffer und Salz verrühren und bereitstellen.

4. Die Zwiebeln schälen. In dicke Scheiben oder in Viertel schneiden und mit etwas Öl bestreichen.

Zubereitung am Tisch

5. Den heißen Stein erhitzen. Die Spieße und die Zwiebelstücke darauf unter mehrmaligem Wenden 6 bis 8 Minuten braten. Alles zwischendurch mit der Öl-Sojasaucen-Marinade bestreichen.

Tip *vom Küchenteam*

- *Wenn es schnell gehen soll, können Sie statt der frischen Ananas auch Ananasringe aus der Dose nehmen.*

Saltimbocca alla Romana

Für das Fleisch

8 sehr dünne Kalbsschnitzel à 75 g
4 EL Öl
4 EL Madeira
¼ TL Pfeffer
8 dünne Scheiben roher Schinken
8 frische Salbeiblätter
Öl zum Bestreichen
etwas Salz

Für die Sauce

200 ml Wasser
1 Päckchen Rahmsauce für ¼ l (Instantpulver)
3 EL rotes Johannisbeergelee
1 TL Zitronensaft
2 EL süße Sahne
evtl. 1 TL grüne Pfefferkörner

festlich · italienisch

- Für den heißen Stein
- Für 4 Personen
- Vorbereitungszeit: ca. 30 Min. (plus 40 Min. Marinierzeit)
- ca. 570 kcal je Portion
- Dazu passen Tagliatelle mit Mascarpone (S. 88) und Rucola mit Pecorino (S. 75)

1. Die Kalbsschnitzel leicht klopfen und in eine Schüssel legen. Öl, Madeira und Pfeffer untereinander verrühren und auf die Schnitzel träufeln. Zugedeckt etwa 40 Minuten marinieren.

2. Danach die Schnitzel abtropfen lassen. Auf jedes Fleischstück 1 Schinkenscheibe und 1 Salbeiblatt legen. Die Schnitzel zusammenklappen und mit Holzspießchen zustecken. Auf einer Platte anrichten.

3. Die Sauce zubereiten. Dazu das Wasser in einer Kasserolle leicht erwärmen und das Saucenpulver mit dem Schneebesen hineinrühren. Einmal aufkochen lassen.

4. Das Johannisbeergelee unter die Sauce rühren und sie mit Zitronensaft sowie Sahne abschmecken. Eventuell einige grüne Pfefferkörner hineingeben. Die Sauce in eine Sauciere geben und auf einem Stövchen warmhalten.

Zubereitung am Tisch

5. Den heißen Stein erhitzen. Die Saltimbocca mit etwas Öl bestreichen und auf dem heißen Stein von jeder Seite etwa 4 Minuten braten. Die Schnitzelchen in dieser Zeit mehrmals wenden, damit das Fleisch gleichmäßig durchgart. Sie dann nach Geschmack mit Salz und Pfeffer würzen. Die Sauce dazu essen.

Tips *vom Küchenteam*

- *„Saltimbocca" heißt in der Übersetzung „Spring in den Mund". Es ist die passende Bezeichnung für diese köstliche Spezialität aus der römischen Küche. Marinieren Sie das Fleisch unbedingt vor der Verwendung. Es wird dann so zart, daß es förmlich auf der Zunge vergeht.*
- *Für die Marinade können Sie statt des Madeiras auch Portwein verwenden.*
- *Wenn Sie ein Kombigerät besitzen, braten Sie in den Pfännchen noch ein paar Champignon- oder Fenchelscheiben zu den Schnitzeln.*
- *Und hier unser Menüvorschlag:*
  Vorspeise: Rucolasalat (S. 75)
  Hauptgang: Saltimbocca mit Tagliatelle (S. 88) und Brokkoligemüse (S. 50) oder Fenchel in Sahnesauce (S. 52)
  Dessert: Exotischer Fruchtsalat (S. 120)
  Getränk: trockener Weißwein, z.B. Soave oder Orvieto

Salbei

„Salbei ist die Beschützerin unserer Gesundheit, eine Helferin in vielen Nöten und oft auch eine Retterin vor dem frühen Tod", heißt es in einem Buch um 1880. Auch heute noch schätzen wir die Heilwirkung des Krautes: als Tee, z. B. bei Grippe und Erkältungen, zum Gurgeln bei Zahnentzündungen und Halsschmerzen und zur Linderung von Magen-, Gallen- sowie Nierenbeschwerden.

In der Küche wird Salbei traditionell in Speisen verwendet, die als schwer verdaulich gelten. Beispielsweise fettreichem Schweine- oder Gänsebraten, Aalgerichten, Hammelfleisch und Eintöpfen fügt man das Kraut bei.

Lammkoteletts mit Knoblauchbutter

Für die Koteletts
12 einfache Lammkoteletts à 80 g
1 Zweig Thymian
4 EL Öl
1 TL Currypulver
½ TL schwarzer Pfeffer
2 EL Portwein

Für die Knoblauchbutter
2 Knoblauchzehen
125 g weiche Butter
1 Msp. Salz
1 Msp. schwarzer Pfeffer
1 TL gehackte Petersilie

klassisch · mediterran
- Für den heißen Stein
- Für 4 Personen
- Vorbereitungszeit: ca. 15 Min. (plus ca. 30 Min. Marinierzeit)
- ca. 970 kcal je Portion
- Dazu passen Fladenbrot, Frühlingssalat (S. 76) und Paprikasauce (S. 96)

1. Die Koteletts kalt abspülen und mit Küchenpapier trockentupfen. Auf eine Platte legen.

2. Die Thymianblättchen abzupfen, zusammen mit dem Öl, den Gewürzen und dem Portwein zu einer Marinade verrühren. Die Koteletts damit bestreichen und zugedeckt im Kühlschrank etwa 30 Minuten durchziehen lassen.

3. In der Zwischenzeit die Knoblauchbutter zubereiten. Dafür die Knoblauchzehen schälen, zerdrücken und mit der weichen Butter verrühren. Alles mit Salz und Pfeffer abschmecken und die Petersilie darunterrühren. Die Butter in einem Schälchen anrichten.

Zubereitung am Tisch
4. Den heißen Stein erhitzen. Die Lammkoteletts darauf – je nach Dicke – 6 bis 8 Minuten braten. Sie zwischendurch mehrmals wenden.

5. Die Koteletts mit Pfeffer und Salz würzen und etwas Knoblauchbutter darauf zerlaufen lassen.

Tips *vom Küchenteam*

- *Servieren Sie zu den Lammkoteletts einen französischen Landwein oder einen Rosé aus der Provence.*
- *Schneiden Sie die Fettränder der Koteletts mit einem scharfen Messer leicht ein. So wölben sich die Koteletts später nicht beim Braten.*
- *Die Knoblauchbutter sieht besonders hübsch aus, wenn Sie sie als Butterrolle servieren.*
- *Statt der 12 einfachen Lammkoteletts (die sehr hübsch aussehen), können Sie auch 6 doppelte Lammkoteletts (Lammchops) nehmen.*
- *Braten Sie auf dem heißen Stein zusammen mit den Lammkoteletts einige Zucchini- und dicke Tomatenscheiben. So haben Sie gleich eine Beilage.*

Schweinefilet nach Feinschmeckerart

festlich · schnell

- Für den heißen Stein
- Für 4 Personen
- Vorbereitungszeit: ca. 20 Min.
- ca. 560 kcal je Portion
- Dazu passen Portwein-Pflaumen-Sauce (S. 97) und Kräuterreis (S. 82)

1. Das Schweinefilet kalt abspülen und mit Küchenpapier trockentupfen. Es dann in 8 gleich dicke Stücke schneiden. Diese nochmals quer zur Faser ein-, aber nicht ganz durchschneiden, so daß eine Art Tasche entsteht. Die Fleischstücke dann flachklopfen, bis 2 cm dicke Stücke entstehen.

2. Das Fleisch mit dem Öl bestreichen und mit dem Rotwein beträufeln. Etwas Pfeffer darübermahlen.

3. Die Backpflaumen in kleine Stücke schneiden und für etwa 5 Minuten im Weißwein einweichen. Die Pflaumen abtropfen lassen und mit dem Frischkäse mischen. Die Käsecreme eventuell mit Salz und Pfeffer nachwürzen.

4. Jeweils etwas von der Käsecreme auf eine Hälfte der Filetscheibchen geben. Die zweite Hälfte darüberklappen und das Fleisch mit Holzspießchen zustecken. Mit Öl bestreichen und auf einem Teller anrichten.

Zubereitung am Tisch

5. Den heißen Stein erhitzen. Die kleinen Schweinefilets darauf von beiden Seiten insgesamt 10 bis 15 Minuten (je nach Dicke der Filetstücke) braten. Das Fleisch dabei mehrmals wenden, damit es gleichmäßig durchgart.

Tip *vom Küchenteam*

- *Reichen Sie einen weißen Burgunder oder einen Moselwein zu den Schweinefilets.*

Zutaten

600 g Schweinefilet
3 EL Öl
2 EL trockener Rotwein
schwarzer Pfeffer
200 g weiche Backpflaumen ohne Stein
⅛ l trockener Weißwein
100 g Kräuterfrischkäse
etwas Salz

Lammspieße mit Äpfeln und Paprika

Zutaten

700 g Lammfleisch (Keule oder Schulter)
2 Knoblauchzehen
4 EL Öl
100 ml trockener Rotwein
1 TL getrockneter Thymian
1 TL getrockneter Rosmarin
½ TL schwarzer Pfeffer
1 rote Paprikaschote
1 gelbe Paprikaschote
1 Apfel
2 EL Orangensaft
schwarzer Pfeffer
etwas Salz
etwas Öl zum Bestreichen

aromatisch · fruchtig

- Für den heißen Stein
- Für 4 Personen
- Vorbereitungszeit: ca. 30 Min.
- ca. 590 kcal je Portion
- Dazu passen Rösti, Apfel-Zwiebel-Chutney (S. 104) und Orientalischer Bohnensalat (S. 74)

1. Vom Lammfleisch die Sehnen und Häutchen sowie Fettstücke sorgfältig abschneiden. Das Lammfleisch kalt abspülen, mit Küchenpapier trockentupfen und in etwa 1½ cm große Würfel schneiden. Diese in eine Schüssel legen.

2. Den Knoblauch schälen und durch die Presse drücken. Mit Öl, Rotwein, Kräutern und Pfeffer verrühren und über die Fleischstücke gießen. Alles gut durchmischen und etwa 15 Minuten zugedeckt kalt stellen.

3. In der Zwischenzeit die Paprikaschoten vierteln. Stiele, weiße Trennhäute und Samen entfernen. Die Paprikaschoten waschen und in etwa 2 cm große Stücke schneiden.

4. Den Apfel waschen, achteln und das Kerngehäuse herausschneiden. Die Apfelstücke quer halbieren und in einer Schüssel mit dem Orangensaft mischen.

5. Die Lammstücke aus der Marinade nehmen und abwechselnd mit den Paprika- und Apfelstücken auf 8 Spieße stecken. Auf einer Platte anrichten. Die Marinade in ein Schälchen füllen und zusammen mit etwas Öl zum Bestreichen bereitstellen.

Zubereitung am Tisch

6. Den heißen Stein erhitzen. Die Spieße rundherum mit Öl und Marinade bestreichen und auf dem heißen Stein von allen Seiten insgesamt 8 bis 12 Minuten braten. Die Spieße zwischendurch öfter mit etwas Marinade einpinseln. Sie dann nach Belieben mit frisch gemahlenem Pfeffer und Salz würzen.

Tips *vom Küchenteam*

- *Zu den Lammspießen paßt Bier oder trockener Rotwein.*
- *Tauschen Sie die Apfelstücke durch geschälte und geachtelte kleine Zwiebeln oder durch Zucchinischeiben aus.*

Artgerechte Haltung der Tiere, mit viel Auslauf und futterreichen Weiden, sind ein Garant für bestes Lammfleisch.

Lammfleisch

Es gibt Feinschmecker, die behaupten, sie können am Geschmack des Lammfleisches erkennen, in welcher Gegend die Tiere aufgewachsen sind. Das Fleisch von Tieren, die auf den Salzgraswiesen an der französischen Atlantikküste gegrast haben, hätte eine andere Würze, als das von Schafen, die sich im Binnenland von Heidekraut ernährt haben.

Wir normalen Konsumenten haben leider wenig Gelegenheit, diese Behauptungen zu überprüfen. Fest steht jedoch, daß Lammfleisch eine der aromatischsten Fleischsorten ist. Übrigens, die Bezeichnung „Lammfleisch“ darf im Handel nur für Fleisch von Jungtieren verwendet werden, die noch nicht geschlechtsreif sind. Nach der Geschlechtsreife muß das Fleisch als „Hammelfleisch“ bezeichnet werden.

Entenbrust mit Burgunderbirnen und Roquefortsauce

Für die Burgunderbirnen

4 mittelgroße Birnen à 150 g
375 ml Rotwein (Burgunder)
1 kl. Zimtstange
3–4 Gewürznelken
3 Pfefferkörner
1 TL Zucker

Für die Entenbrust

800 g Entenbrustfilets (mit Haut, ohne Knochen)
8 EL Öl
8 EL Rotweinsud (von den Birnen)
Paprikapulver edelsüß
schwarzer Pfeffer
etwas Salz
etwas Öl zum Bestreichen

Für die Roquefortsauce

1 Zwiebel
1 EL Butter oder Margarine
100 ml Rotweinsud (von den Birnen)
100 g Roquefort
125 g süße Sahne
Paprikapulver edelsüß
schwarzer Pfeffer
etwas Salz

edel · ein kleines Menü

- Für das Kombigerät
- Für 4 Personen
- Vorbereitungszeit: ca. 40 Min. (plus ca. 1 Std. Marinierzeit)
- ca. 1070 kcal je Portion
- Dazu paßt Reis (S. 82)

1. Die Birnen schälen, vierteln und die Kerngehäuse herausschneiden.

2. Den Burgunder zusammen mit den Gewürzen in einem Topf aufkochen. Die Birnenstücke hineingeben, alles einmal aufkochen lassen und dann auf kleine Wärmestufe zurückschalten. Die Birnen bei geschlossenem Topf in 8 bis 10 Minuten (je nach Reifegrad) weichdünsten.

3. Die Birnen im Sud abkühlen lassen. Zuvor aber von der Flüssigkeit etwa 180 ml abnehmen und beiseite stellen.

4. Nun die Entenbrustfilets kalt abspülen und mit Küchenpapier trockentupfen. Jedes Filet schräg in 4 bis 6 Scheiben schneiden.

5. Das Öl mit dem Rotweinsud, Paprika, Pfeffer und Salz verrühren. Die Scheiben damit beidseitig einstreichen und dann auf einer großen Platte anrichten. Etwa 1 Stunde zugedeckt kalt stellen.

6. Inzwischen für die Sauce die Zwiebel schälen und in kleine Würfel schneiden. Die Butter oder die Margarine in einer Kasserolle schmelzen lassen und die Zwiebelwürfel darin andünsten.

7. Den Rotweinsud zu den Zwiebeln geben und alles etwa 5 Minuten köcheln lassen. Den Roquefort mit einer Gabel zerdrücken und zusammen mit der Sahne in die Kasserolle geben. Alles mit dem Schneebesen so lange rühren, bis eine glatte Sauce entstanden ist.

8. Die Sauce einmal aufkochen lassen. Mit Paprikapulver, Pfeffer und Salz abschmecken.

9. Birnen, restlichen Birnensud, Entenbrust, Sauce und etwas Öl zum Bestreichen getrennt auf den Tisch stellen.

Die Weine aus dem Burgund, einer im Herzen Frankreichs gelegenen Weinregion, zählen mit zu den besten in Europa.

Zubereitung am Tisch

10. Das Kombigerät vorheizen. Die Entenbrustfilets leicht mit Öl einstreichen und auf dem heißen Stein 8 bis 10 Minuten braten. Die Stücke zwischendurch mehrmals wenden und mit etwas Rotweinsud bestreichen.

11. Inzwischen jeweils 1 oder 2 Rotweinbirnen in ein Raclettepfännchen geben. Etwas Rotweinsud und Roquefortsauce hinzufügen. Das Ganze einige Minuten im Raclettegerät gratinieren.

Tip *vom Küchenteam*

* *Zu diesem edlen Gericht harmoniert ein vollmundiger Burgunder-Rotwein besonders gut.*

Blauschimmelkäse

So wie die Engländer den Stilton für den besten Blauschimmelkäse halten, sind die Franzosen davon überzeugt, daß nur der Roquefort wirklich „royal", also königlich, ist. Die Italiener dagegen schwören auf Gorgonzola. Und wir? In patriotischer Manier auf Bavariablue? Egal, für welche der vielen Sorten Sie sich entscheiden, allen Blauschimmelkäsesorten ist eines gemeinsam – das würzige Aroma.

Rindermedaillons mit Pfifferlingen

Für die Medaillons

800 g Rinderfilet
1 Knoblauchzehe
100 ml Rotwein
6 EL Olivenöl
½ TL Pfeffer
½ TL getrockneter Thymian

Für die Pilze

700 g frische Pfifferlinge
1 Zwiebel
2 EL Öl
2 EL Crème fraîche
schwarzer Pfeffer
etwas Salz
½ Bund Petersilie

edel · für die Pilzsaison

* Für das Kombigerät
* Für 4 Personen
* Vorbereitungszeit: ca. 30 Min. (plus ca. 30 Min. Marinierzeit)
* ca. 540 kcal je Portion
* Dazu passen Polentaschnitten (S. 86) und Portwein-Pflaumen-Sauce (S. 97)

1. Das Filet kalt abspülen, mit Küchenpapier trockentupfen und Häute sowie Sehnen vorsichtig ablösen. Das Fleisch in etwa 1½ cm dicke Scheiben schneiden und sie in eine Schüssel legen.

2. Die Knoblauchzehe schälen und zerdrücken. Sie mit Rotwein, Olivenöl, Pfeffer und Thymian zu einer Marinade verrühren. Diese auf das Fleisch gießen, die Schüssel abdecken und das Filet etwa 30 Minuten kaltstellen.

3. In der Zwischenzeit die Pfifferlinge putzen. Bei starken Verunreinigungen (z. B. Sand oder Tannennadeln) die Pilze in einem Sieb unter fließendem Wasser ganz kurz abspülen. Dann auf Küchenpapier gut abtropfen lassen.

4. Die Zwiebel schälen, in kleine Würfel schneiden und im Topf in dem Öl glasigdünsten. Die Pilze dazugeben, in etwa 15 Minuten gardünsten.

5. Die Pilze mit der Crème fraîche vorsichtig mischen und mit Pfeffer sowie etwas Salz pikant abschmecken. In eine Schüssel geben.

6. Die Petersilie waschen, trockenschütteln, fein hacken und auf die Pfifferlinge streuen. Die Rindermedaillons abtropfen lassen und auf einer Platte anrichten.

Zubereitung am Tisch

7. Das Kombigerät vorheizen. Die Rindermedaillons auf dem heißen Stein von jeder Seite 3 bis 4 Minuten braten. In der Zwischenzeit die Pfifferlinge in die Pfännchen geben und im Raclettegerät kurz erhitzen.

Tips *vom Küchenteam*

* *Servieren Sie zu den Rindermedaillons einen Bordeaux-Wein.*
* *Außerhalb der Pilzsaison können Sie statt der Pfifferlinge Austernpilze, Shiitakepilze oder Champignons nehmen.*

Lammkoteletts mit Käsebaguette

1. Die Koteletts kalt abspülen, mit Küchenpapier trockentupfen und auf eine Platte legen.

2. Öl, Currypulver, Pfeffer, Thymian und Portwein zu einer Marinade verrühren. Die Koteletts damit von beiden Seiten bestreichen und zugedeckt im Kühlschrank etwa 30 Minuten durchziehen lassen.

3. In der Zwischenzeit die Käsebaguettes vorbereiten. Den Blauschimmelkäse in Stücke schneiden und zusammen mit dem Gouda, der Butter und der Crème fraîche im Mixer zu einer weichen Creme pürieren.

4. Die Pistazien grob hacken und daruntermischen. Die Creme mit den Gewürzen abschmecken und in eine Schüssel füllen. Das Baguette in etwa 1½ cm dicke Scheiben schneiden und in einem Körbchen anrichten.

Zubereitung am Tisch

5. Das Kombigerät vorheizen. Die Lammkoteletts, je nach Dicke, 6 bis 8 Minuten braten. Sie in dieser Zeit mehrmals wenden.

6. Inzwischen die Käsecreme auf die Baguettescheiben streichen, das Brot in Pfännchen geben und im Raclettegerät leicht goldbraun überbacken.

würzig · pikant

* Für das Kombigerät
* Für 4 Personen
* Vorbereitungszeit: ca. 30 Min. (plus ca. 30 Min. Marinierzeit)
* ca. 1335 kcal je Portion
* Dazu paßt ein gemischter Blattsalat mit Essig und Öl

Tips *vom Küchenteam*

* *Servieren Sie zu diesem Gericht einen französischen Landwein.*
* *Zu den Lammkoteletts können Sie noch dicke Zucchini- oder Auberginenscheiben mit auf den heißen Stein legen.*
* *Die Käsecreme eignet sich auch hervorragend zum Gratinieren von gekochten Kartoffeln (in Scheiben geschnitten), frischen Champignons, gedünsteten Birnenhälften und halbierten Feigen.*

Für die Lammkoteletts

12 einfache Lammkoteletts à ca. 80 g
4 EL Öl
1 TL Currypulver
½ TL schwarzer Pfeffer
½ TL getrockneter Thymian
2 EL Portwein

Für die Käsebaguettes

100 g milder Blauschimmelkäse (z. B. Bavariablue oder Bresse Bleu)
100 g geriebener Gouda
50 g weiche Butter
2 EL Crème fraîche
2 EL Pistazienkerne
schwarzer Pfeffer
Paprikapulver edelsüß
etwas Salz
1 dünnes Baguette

Rehsteaks Diana mit Feigen

Für das Fleisch

4 Rehsteaks à ca. 125 g (aus der Keule)
⅛ l Öl
8 EL Portwein
1 Msp. schwarzer Pfeffer
1 Msp. Currypulver
1 Knoblauchzehe
1 EL gehackte Petersilie

Für die Feigen

8 reife, frische Feigen
⅛ l Portwein
100 g Doppelrahmfrischkäse
2 EL gehackte Walnüsse
schwarzer Pfeffer

edel · fruchtig

- Für das Kombigerät
- Für 4 Personen
- Vorbereitungszeit: ca. 20 Min. (plus ca. 12 Std. Marinierzeit)
- ca. 750 kcal je Portion
- Dazu passen Baguette und Aprikosen-Sahne-Sauce (S. 92)

1. Die Rehsteaks kalt abspülen, mit Küchenpapier trockentupfen und in eine Schüssel legen.

2. Öl, Portwein, Pfeffer und Currypulver miteinander verrühren. Die Knoblauchzehe schälen und dazudrücken. Die Petersilie darunterrühren.

3. Die Marinade über die Rehsteaks gießen, diese zudecken und über Nacht im Kühlschrank marinieren.

4. Die Feigen gründlich waschen. Halbieren und in einer Kasserolle im Portwein einige Minuten dünsten. Sie ebenfalls über Nacht zugedeckt in den Kühlschrank stellen.

5. Kurz vor dem Essen die Feigenhälften abtropfen lassen und mit den Schnittflächen nach oben auf einen Teller legen. Den Frischkäse mit den gehackten Nüssen und etwas Pfeffer verrühren. Jeweils 1 Teelöffel der Masse auf eine Feigenhälfte geben.

6. Die Rehsteaks abtropfen lassen und auf einem Teller anrichten.

Zubereitung am Tisch

7. Das Kombigerät vorheizen. Die Rehsteaks auf dem heißen Stein je nach Dicke 8 bis 12 Minuten unter mehrmaligem Wenden braten. Inzwischen jeweils 2 Feigenhälften in ein Pfännchen geben und im Raclettegerät gratinieren. Das Fleisch mit Salz und Pfeffer würzen.

Tips *vom Küchenteam*

- *Salzen Sie das Fleisch immer erst, wenn es gar ist, damit es nicht austrocknet.*
- *Statt der gehackten Walnüsse können Sie auch Mandeln unter den Frischkäse rühren. Die Käsecreme schmeckt dann etwas milder.*
- *Achten Sie darauf, daß die Feigen reif, aber nicht zu weich sind. Dann entfalten sie beim Dünsten ihr volles Aroma, zerfallen aber dabei nicht.*
- *Die Portweinmarinade paßt auch gut zu Rind- und Kalbfleisch. Wer den feinen Kräutergeschmack liebt, läßt das Currypulver weg und fügt noch 1 Teelöffel gehackten Thymian oder Rosmarin und einige Wacholderbeeren hinzu.*

Wildfleisch

Spezialitäten mit Wildfleisch sind meist den besonderen Anlässen des Jahres vorbehalten.
Für die Zubereitung auf dem heißen Stein eignen sich vor allem die Teile vom Wild, die man auch zum Kurzbraten oder Grillen verwendet, z. B. Stücke aus der Lende oder aus der Keule. Wildfleisch ist in der Regel fettarm und deshalb leicht verdaulich. Wer sicher sein möchte, daß der Wildgeschmack nicht zu intensiv hervortritt und daß das Fleisch auch nach der Zubereitung noch saftig ist, sollte das Fleisch vor dem Garen mehrere Stunden in eine Öl-Wein-Marinade oder in Milch (auch Buttermilch mit Kräutern und etwas Öl) einlegen.

SIGG

Die Schätze des Meeres

Sie erinnern einen an Urlaub, Sonne, Meer und Strand, an türkisfarbene Lagunen, stürmische Meeresbrandung und laue Nächte – die Rede ist von den Schätzen des Meeres, von Fischen und Meeresfrüchten.

So vielfältig die Fauna des Meeres, der Flüsse, Bäche und Seen ist, so vielseitig ist auch ihre Verwendung in der Küche. Ob knusprig gebratene Fischfilets, gratinierte Muschelpfännchen oder Garnelen vom heißen Stein – auf den folgenden Seiten findet jeder etwas für seinen Geschmack. Damit die Gerichte zum wahren Genuß werden, sollten Sie stets darauf achten, daß die Fische und Meeresfrüchte äußerst frisch sind. Sie kaufen Sie daher am besten bei einem Fischhändler Ihres Vertrauens.

Muschelraclette

Zutaten

ca. 1,5 kg frische Miesmuscheln
⅛ l Weißwein
1 Lorbeerblatt
6 Pfefferkörner
1 TL Salz
150 g Crème fraîche
½ Bund Petersilie
schwarzer Pfeffer
3 EL geriebener Gouda
2 EL Paniermehl

festlich · mediterran

- Für das Raclettegerät
- Für 4 Personen
- Vorbereitungszeit: ca. 40 Min.
- ca. 800 kcal je Portion
- Dazu passen ein Tomaten-Gurken-Salat oder ein gemischter Blattsalat und Safranreis (S. 83)

1. Die Muscheln unter fließend kaltem Wasser gründlich bürsten. Bartenden und Sand entfernen. Nur fest geschlossene Muscheln verwenden. Bereits geöffnete aussortieren, denn sie sind verdorben.

2. In einem großen Topf 1 l Wasser zusammen mit Wein, Lorbeerblatt, Pfefferkörnern und Salz aufkochen. Die Muscheln hineingeben und zugedeckt etwa 15 Minuten leicht kochen, bis sich alle geöffnet haben. Muscheln, die nach dem Kochen immer noch fest geschlossen sind, bitte wegwerfen, denn sie sind verdorben.

3. Die Crème fraîche in eine Schüssel geben. Die Petersilie waschen, trockenschütteln und fein hacken. Sie zusammen mit Pfeffer, etwas Salz, Gouda und Paniermehl zur Crème fraîche geben und alles verrühren.

4. Nun von den gegarten Muscheln jeweils eine Schalenhälfte ablösen und wegwerfen. Die Schalen mit dem Muschelfleisch portionsweise auf großen Tellern anrichten.

Zubereitung am Tisch
5. Das Raclettegerät vorheizen. In jedes Pfännchen 1 oder 2 Muschelhälften legen und etwas von der Kräuter-Käse-Creme darauf geben. Die Muscheln nun im Raclettegerät gratinieren.

Tip *vom Küchenteam*

✸ *Weißwein, Weißweinschorle und Bier sind die richtigen Begleiter für dieses Gericht.*

Muscheln

In Europa werden Muscheln seit langem in sogenannten „Muschelgärten“ gezüchtet. Die größten befinden sich in Spanien. In den geschützten Meeresbuchten, den Rias, an der spanischen Atlantikküste sind die Lebensbedingungen für die Muscheln so gut, daß sie in etwa 9 Monaten zu einer Größe von etwa 7 cm heranwachsen. Dafür benötigen sie in kühleren Gewässern zwischen 3 und 5 Jahren.
Muscheln sollte man möglichst nur in der kühlen Jahreszeit (in den Monaten mit einem „R“) kaufen und zubereiten. Das ist auch die beste Jahreszeit für ein Racletteessen.

Muscheln, liebevoll auch „die Bodenschätze des Meeres“ genannt, machen viele Gerichte zur kulinarischen Delikatesse.

Seeräuberspieß

Zutaten
700 g Kabeljaufilet
Saft von 1 Zitrone
100 g durchwachsener Speck
3 Zwiebeln
1 rote Paprikaschote
4 EL Öl
etwas Salz
schwarzer Pfeffer

schnell · leicht
* Für den heißen Stein
* Für 4 Personen
* Vorbereitungszeit: ca. 25 Min.
* ca. 400 kcal je Portion
* Dazu passen die Tomatensauce mit Oliven (S. 100) und ein Blattsalat mit Vinaigrette

1. Das Kabeljaufilet kalt abspülen und mit Küchenpapier trockentupfen. Den Fisch in 4 cm große Würfel schneiden und mit dem Zitronensaft beträufeln.

2. Den Speck in ½ cm dicke Scheiben und diese in 4 cm große Stücke schneiden. Die Zwiebeln schälen und vierteln.

3. Die Paprikaschote halbieren, Stiel, weiße Trennhäute und Kerne entfernen. Die Paprika kalt abspülen und in 4 cm große Stücke schneiden.

4. Die Fischstücke abwechselnd mit Zwiebeln, Speck und Paprika auf lange Spieße stecken. Diese rundherum mit Öl bestreichen und auf einer Platte anrichten.

Zubereitung am Tisch
5. Den heißen Stein erhitzen. Die Spieße darauf 8 bis 12 Minuten von allen Seiten braten. Sie erst danach mit Salz und Pfeffer würzen.

Tips *vom Küchenteam*

* *Statt Kabeljau können Sie auch einmal Schellfisch nehmen.*
* *Wenn die Spieße etwas edler sein sollen, stecken Sie noch ein paar geschälte Garnelen mit darauf.*
* *Fruchtiger werden die Seeräuberspieße, wenn Sie den Speck durch Cocktailtomaten (Kirschtomaten) austauschen.*

Heilbutt im Wirsingmantel

leicht · saftig
- Für den heißen Stein
- Für 4 Personen
- Vorbereitungszeit: ca. 35 Min.
- ca. 250 kcal je Portion
- Dazu passen gekochte Kartoffeln und ein Tomatensalat

Zutaten
600 g Filet vom schwarzen Heilbutt
Saft von 1 Zitrone
schwarzer Pfeffer
1 großer Wirsing
1 EL Salz
150 g kleine Champignons
1 kleine Zwiebel
2 EL Öl
etwas Salz

1. Den Fisch kalt abspülen, mit Küchenpapier trockentupfen und in 3 mal 4 cm große Stücke schneiden. Diese in eine Schüssel legen, mit dem Zitronensaft beträufeln und etwas Pfeffer darübermahlen. Zugedeckt kalt stellen.

2. Vom Wirsing etwa 16 große Blätter ablösen und gründlich waschen. Harte Rippen herausschneiden.

3. Etwa 2 l Wasser zusammen mit dem Salz aufkochen lassen. Die Wirsingblätter hineingeben und 3 bis 5 Minuten darin blanchieren. Sie dann herausheben und gut abtropfen lassen.

4. Die Champignons putzen und in dünne Scheiben schneiden. Die Zwiebel schälen und kleinwürfeln. Beides zusammen in Öl dünsten. Dann mit Pfeffer und Salz würzen.

5. Nun jeweils auf 1 Wirsingblatt 1 Stück Heilbutt und etwas von der Champignonmischung geben. Jedes Wirsingblatt seitlich über der Füllung zusammenschlagen. Dann die beiden anderen Seiten darüberklappen, so daß kleine, geschlossene Päckchen entstehen. Diese mit Küchengarn zusammenbinden. Auf einer Platte anrichten.

Zubereitung am Tisch

6. Den heißen Stein erhitzen. Etwas Öl darauf zerlaufen lassen und die Wirsingpäckchen etwa 5 Minuten von einer Seite braten. Sie dann wenden und weitere 5 Minuten braten.

Tips *vom Küchenteam*

- *Statt Heilbutt können Sie für dieses Gericht auch andere Fischfilets (z.B. Kabeljau) nehmen.*
- *Bereiten Sie aus dem restlichen Wirsing eine Cremesuppe zu, und servieren Sie sie als Vorspeise.*
- *Die Wirsingpäckchen lassen sich auch im Raclettegerät zubereiten. Machen Sie dann die Päckchen etwas kleiner, damit sie gut in die Raclettepfännchen passen.*

Garnelen mit Chili-Sahne-Sauce

Für die Garnelen

12–16 gegarte, geschälte Riesengarnelen
2 EL Öl
1 Zitrone
schwarzer Pfeffer

Für die Sauce

2 rote Paprikaschoten (ca. 350 g)
1–2 Chilischoten
250 g Tomaten
200 g Zwiebeln
2 Knoblauchzehen
3 EL Öl
½ Bund Petersilie
½ TL Rohrzucker oder Honig
etwas Salz
Paprikapulver edelsüß
4 EL süße Sahne

festlich · scharf

- Für den heißen Stein
- Für 4 Personen
- Vorbereitungszeit: ca. 35 Min.
- ca. 380 kcal je Portion
- Dazu paßt Baguette oder Reis (S. 82)

1. Die Garnelen kalt abspülen und mit Küchenpapier trockentupfen. Sie dann rundherum mit Öl bestreichen und auf einem Teller anrichten.

2. Die Zitrone achteln oder in Scheiben schneiden und zu den Garnelen auf den Teller legen.

3. Für die Sauce die Paprika- und die Chilischoten aufschneiden. Stielansätze, weiße Trennhäute und Samen entfernen. Die Stücke gründlich unter kaltem Wasser abspülen, abtropfen lassen und in kleine Würfel schneiden.

4. Die Tomaten über Kreuz einritzen, kurz überbrühen, abschrecken und enthäuten. Die Tomaten vierteln, entkernen und in kleine Würfel schneiden. Die Zwiebeln schälen und ebenfalls in kleine Würfel schneiden. Die Knoblauchzehen schälen und durch die Presse drücken.

5. Das Öl in einem Topf erhitzen und die kleingeschnittenen Zutaten darin andünsten. Dann alles bei geschlossenem Topf etwa 10 Minuten schmoren.

6. Die Petersilie waschen, trockenschütteln und grob hacken. Sie zusammen mit dem Zucker zum Gemüse geben und es einmal aufkochen lassen. Mit Salz und Paprikapulver abschmecken.

7. Das Gemüse mit dem Mixstab oder im Mixer pürieren und die Sahne darunterrühren. Die Sauce nochmals abschmecken und in einem Schälchen anrichten.

Zubereitung am Tisch

8. Den heißen Stein vorheizen. Die Garnelen darauf unter mehrmaligem Wenden bis zur gewünschten Bräunung braten. Die Garnelen mit Pfeffer würzen und mit Zitronensaft beträufeln. Die Sauce dazu essen.

Tips *vom Küchenteam*

- *Bei der Verarbeitung von scharfen Chilischoten bitte die Hände gründlich waschen, bevor weitere Arbeiten getätigt werden. Nicht aus Versehen an die Augen oder Lippen fassen, denn Chili kann „höllisch" brennen. Ziehen Sie sicherheitshalber besser Küchenhandschuhe an, dann kann nichts schiefgehen.*
- *Servieren Sie zu den Garnelen einen halbtrockenen Riesling oder einen Morio Muskat.*
- *Hübsch sieht es aus, wenn Sie die Garnelen vor dem Braten auf Spieße stecken.*
- *Statt der Zitrone können Sie auch eine Limette nehmen. Das bringt Farbe auf den Servierteller. Außerdem ist Limettensaft nicht ganz so sauer wie Zitronensaft.*
- *Wandeln Sie die Sauce einmal ab, indem Sie 2 Eßlöffel Maiskörner aus der Dose dazugeben. Zusammen mit Tacos ergibt sie dann eine ideale Beilage zu Steaks, Fleischspießen und Frikadellen vom heißen Stein.*

Garnelen

Garnelen, Shrimps, Prawns & Co. zählen zu den Krustentieren. Sie spielen in der feinen Küche vieler Länder eine große Rolle. Um den gestiegenen Bedarf an diesen fein-aromatischen, knackigen Meeresfrüchten zu decken, hat sich die Garnelenfischerei zu einer regelrechten Industrie entwickelt. In einigen Ländern wachsen die Garnelen daher inzwischen in speziellen Zuchtfarmen heran.

Da es mehrere tausend Garnelenarten gibt, sind die Namensbezeichnungen von Land zu Land sehr verschieden.

Jambalaya mit gegrillten Meeresfrüchten

Für den Reis
2 Zwiebeln
1 Knoblauchzehe
50 g durchwachsener Speck
250 g Paprikaschoten (grün und rot)
200 g Naturreis
1 TL Salz
½ l Wasser
1 kleine Chilischote
1 Zweig Thymian

Für die Meeresfrüchte
300 g gegarte, geschälte Garnelen
200 g gegartes Miesmuschelfleisch
1–2 gegarte Langustenschwänze (ca. 300 g)
etwas Öl
schwarzer Pfeffer
etwas Salz

Außerdem
1–2 Limetten
500 g Tomaten

aus der Karibik · festlich
- Für das Kombigerät
- Für 4 Personen
- Vorbereitungszeit: ca. 40 Min.
- ca. 510 kcal je Portion

1. Die Zwiebeln und die Knoblauchzehen schälen und zusammen mit dem Speck in Würfel schneiden. Die Paprikaschoten halbieren, Stiele, Kerne und Trennhäute entfernen. Die Paprika kalt abspülen und in schmale Streifen schneiden.

2. Die Speckwürfel in einem Topf knusprig ausbraten, aus dem Fett nehmen und beiseite stellen. Dann die Zwiebeln im Bratfett glasig dünsten.

3. Die Paprikastreifen zu den Zwiebeln geben und etwa 5 Minuten mitdünsten. Alles aus dem Topf nehmen und beiseite stellen.

4. Den Reis im Bratfett kurz andünsten, dann das Salz und das Wasser dazugeben und zum Kochen bringen. Die Chilischote längs aufschlitzen, die Kernchen mit dem Messer herauskratzen und die Schote waschen. Sie zusammen mit dem Thymianzweig zum Reis geben.

5. Den Reis einmal aufkochen lassen. Danach den Topf schließen und den Reis auf kleiner Wärmestufe in etwa 20 Minuten ausquellen lassen.

6. Inzwischen die Limetten vierteln oder achteln. Die Tomaten waschen und in Achtel oder Scheiben schneiden. Beides zusammen auf einer Platte anrichten.

7. Garnelen, Muschelfleisch und Langustenschwänze unter fließend kaltem Wasser abspülen, mit Küchenpapier trockentupfen und auf einer Platte anrichten.

8. Die Speckwürfel und die gedünsteten Paprikastreifen unter den ausgequollenen Reis mischen. Diesen dann in einer vorgewärmten Schüssel anrichten.

In der Karibik, der Heimat von „Jambalaya", zählen Fisch und Meeresfrüchte zu den Hauptnahrungsmitteln.

Zubereitung am Tisch

9. Das Kombigerät vorheizen. Garnelen, Muschelfleisch und Langustenschwänze mit etwas Öl einstreichen und auf dem heißen Stein unter mehrmaligem Wenden rundherum braten.

10. In der Zwischenzeit den scharf-würzigen Reis in Pfännchen geben und im Raclette nochmals erhitzen. Wer möchte, gibt einige Tomatenstücke dazu. Die Tomaten lassen sich aber auch auf dem heißen Stein kurz braten.

11. Die Meeresfrüchte mit frisch gemahlenem Pfeffer und Limettensaft würzen. Den Reis dazu essen.

Tips *vom Küchenteam*

- *Servieren Sie zu diesem Gericht ein kühles Pils.*
- *Statt Miesmuschelfleisch können Sie auch Venusmuschelfleisch nehmen.*

Lachskoteletts mit Gemüsejulienne

Für die Lachskoteletts

4 Lachskoteletts à 200 g
Saft von 1 Zitrone
50 g Butter
schwarzer Pfeffer
etwas Salz

Für die Julienne

150 g Möhren
100 g Lauch
100 g Bleichsellerie
½ gelbe Paprikaschote
3 EL Öl
1–2 TL Instantgemüsebrühe (Pulver)
100 ml trockener Weißwein
125 g Crème fraîche
schwarzer Pfeffer

festlich · leicht

* Für das Kombigerät
* Für 4 Personen
* Vorbereitungszeit: ca. 25 Min.
* ca. 750 kcal je Portion
* Dazu passen Rösti, Baguette und der Bananen-Curry-Dip (S. 99)

1. Die Lachskoteletts kalt abspülen und mit Küchenpapier trockentupfen. Sie dann mit etwas Zitronensaft beträufeln.

2. Die Butter schmelzen lassen. Mit etwas Zitronensaft und Pfeffer verrühren. Die Lachskoteletts mit dieser Mischung bestreichen.

3. Die Möhren putzen und schälen. Den Lauch und den Sellerie putzen und waschen. Die Paprikaschote von Kernen, Stiel und weißen Trennhäuten befreien. Das Gemüse kalt abspülen und in dünne Stifte (Julienne) schneiden.

4. Das Öl in einem Topf erhitzen. Das Gemüse darin unter Rühren andünsten. Es mit der Instantbrühe würzen, den Wein dazugießen und alles etwa 5 Minuten zugedeckt dünsten.

5. Die Crème fraîche unter das Gemüse mischen, es mit Pfeffer abschmecken und in einer Schüssel anrichten.

Zubereitung am Tisch

6. Das Kombigerät vorheizen. Die Lachskoteletts auf dem heißen Stein von beiden Seite in insgesamt 10 bis 15 Minuten (je nach Dicke) goldbraun braten. Inzwischen das Gemüse in die Pfännchen geben und im Raclettegerät erhitzen.

Tip *vom Küchenteam*

* *Ein halbtrockener Weißwein oder Rosé rundet dieses edle Gericht besonders gut ab.*

Muschelspießchen mit Spaghettipfännchen

italienisch · würzig

- Für das Kombigerät
- Für 4 Personen
- Vorbereitungszeit: ca. 40 Min.
- ca. 290 kcal je Portion
- Dazu paßt der Tomaten-Mozzarella-Teller (S. 81)

1. Die Pilze putzen, eventuell kalt abspülen und mit Küchenpapier trockentupfen. Größere Pilze halbieren. Die Schinkenscheiben längs halbieren und zu Röllchen drehen.

2. Muschelfleisch, Pilze und Schinkenröllchen abwechselnd auf Spieße stecken. An den Anfang und das Ende jeweils 1 Olive stecken.

3. Die Spieße mit etwas Öl bestreichen und auf einer Platte anrichten.

4. Reichlich Wasser zusammen mit etwas Salz und dem Öl in einem großen Topf aufkochen lassen. Die in Stücke gebrochenen Spaghetti hineingeben und nach Packungsangabe bißfest kochen. Die Nudeln in ein Sieb geben und abtropfen lassen. Das Nudelwasser dabei auffangen und wieder aufkochen.

5. Die Tomaten über Kreuz einritzen, kurz in das kochende Spaghettiwasser halten, enthäuten, vierteln, entkernen und in kleine Stücke schneiden. Das Basilikum waschen, trockenschütteln und die Blätter in feine Streifen schneiden.
Den Parmesan in hauchdünne, kleine Scheibchen hobeln.

6. Die Spaghetti in einer Schüssel mit Tomaten, Basilikum und Käse mischen. Sie zusammen mit den Muschelspießen auf den Tisch stellen.

Zubereitung am Tisch

7. Das Kombigerät vorheizen. Die Muschelspieße auf dem heißen Stein von allen Seiten etwa 8 Minuten braten. In der Zwischenzeit die Spaghetti in Pfännchen geben und im Raclettegerät gratinieren.

Tips *vom Küchenteam*

- *Servieren Sie zu den Muschelspießchen einen italienischen Rotwein, z.B. einen Barolo, Chianti classico oder Valpolicella.*
- *Gegartes Muschelfleisch gibt es entweder beim Fischhändler oder aus der Tiefkühltruhe. Ersatzweise können Sie aber auch einmal auf Muschelfleisch aus dem Glas oder aus der Dose zurückgreifen.*
- *Wenn Sie für die Spaghettipfännchen kein Basilikum bekommen, nehmen Sie statt dessen Petersilie.*

Für die Spießchen

250 g mittelgroße Champignons
ca. 400 g gegartes Miesmuschelfleisch
16 grüne Oliven ohne Stein
8 dünne Scheiben Schinkenspeck
etwas Öl
schwarzer Pfeffer
etwas Salz

Für die Spaghettipfännchen

200 g Spaghetti
etwas Salz
1 TL Öl
3 Tomaten
½ Töpfchen Basilikum
50 g junger Parmesan am Stück

Räucherfischpfännchen mit Backkartoffeln

Für die Kartoffeln

8–12 mittelgroße Kartoffeln (ca. 800 g)
etwas Salz
2 EL flüssige Butter
4 EL Sesam

Für die Fischpfännchen

4 Eier
1 Bund Schnittlauch
500 g geräucherte Makrele
150 g Raclettekäse
einige Salatblätter
schwarzer Pfeffer
etwas Salz

würzig · ein kleines Menü

- Für das Kombigerät
- Für 4 Personen
- Vorbereitungszeit: ca. 35 Min.
- ca. 710 kcal je Portion
- Dazu paßt Kräuterbutter (S. 108) oder Tofu-Kräuter-Creme (S. 101)

1. Die Kartoffeln mit einer Bürste unter fließendem Wasser gründlich säubern. Sie dann in Salzwasser in 20 bis 25 Minuten garkochen, abgießen und ausdampfen lassen.

2. In der Zwischenzeit die Eier in einer Schüssel leicht schaumig schlagen. Den Schnittlauch waschen, trockenschütteln, in Röllchen schneiden und in eine kleine Schüssel geben.

3. Die Makrele in kleine Stücke zerteilen. Den Käse in Streifen oder Würfel schneiden. Die Salatblätter kalt abspülen und trockentupfen.

4. Die Salatblätter auf einen großen Teller legen. Darauf die Makrelenstückchen und die Käsestreifen anrichten.

5. Die gekochten Kartoffeln längs halbieren. Die Schnittflächen mit der flüssigen Butter bestreichen und mit Sesam und Salz bestreuen.

6. Die Kartoffeln mit den Schnittflächen nach oben auf einer Platte anrichten.

Zubereitung am Tisch

7. Den heißen Stein erhitzen. Die Kartoffeln mit den Schnittflächen nach unten darauf legen und in etwa 8 Minuten goldbraun braten. Sie zwischendurch einmal wenden.

8. In der Zwischenzeit jeweils etwas verquirltes Ei in ein Raclettepfännchen geben. Einige Stücke Räucherfisch sowie etwas Schnittlauch und Käse darauf streuen. Den Fisch im Raclettegerät überbacken, bis das Ei gestockt ist. Die Fischpfännchen mit Pfeffer und Salz würzen. Die Kartoffeln dazu essen.

Tips *vom Küchenteam*

- *Statt Sesam können Sie auch Kümmel zum Bestreuen der Kartoffeln nehmen.*
- *Probieren Sie die Fischpfännchen auch einmal mit geräucherter Forelle oder geräuchertem Goldbarsch.*
- *Besonders gut schmecken die Backkartoffeln, wenn Sie neue Kartoffeln (gibt es im Frühjahr im Handel) nehmen. Deren Schale ist so hauchdünn, daß Sie sie problemlos mitessen können.*

Räucherfisch

Frisch gab es Räucherfisch früher nur an der Küste, wo die am Tage nicht verkauften Fische haltbar gemacht wurden, indem man sie über Holz räucherte. Nach wie vor gehört es an der Küste für Urlauber mit zu den größten Freuden, frisch geräucherte Fische, wie Aale und Flundern, Makrelen und Goldbarsch, direkt bei den Fischern zu kaufen. Im Inland kommt das Räucherfischangebot meist aus größeren Fischräuchereien. Wer allerdings in der Nähe einer Forellenzucht wohnt, die neben den frischen Fischen auch geräucherte Forellen anbietet, sollte sich den Genuß nicht entgehen lassen.

Gemüse in der Hauptrolle

Wer schon einmal im eigenen Garten oder auf dem Balkon Gemüse selbst gezogen und geerntet hat, der kennt die Faszination, die von der Kraft der Natur ausgeht. Aus einem kleinen Samenkorn wird in wenigen Wochen eine stattliche Pflanze, die dann, wiederum nach einigen Wochen, satte Früchte trägt.

Es muß nicht jeden Tag Fleisch sein – nach diesem Motto leben immer mehr Menschen. Und sie tun dies zu Recht, denn die wertvollen Inhaltsstoffe der pflanzlichen Lebensmittel versorgen einen mit allem, was der Körper braucht. Vegetarisch zu essen bedeutet keinesfalls Verzicht!

Auf den folgenden Seiten haben wir für Sie ein Auswahl köstlicher Gemüse- und Kartoffelgerichte zusammengestellt. Die meisten sind rein vegetarisch, bei einigen wenigen sorgt ein kleines bißchen Fleisch oder Fisch für den besonderen Geschmack.

Brokkoli mit Schafskäse und Pinienkernen

Zutaten

500 g Brokkoli
1/8 l Gemüsebrühe
etwas Salz
schwarzer Pfeffer
3 Tomaten
150 g Schafskäse (Feta)
2 EL Pinienkerne

schnell · einfach

- Für das Raclettegerät
- Für 4 Personen
- Vorbereitungszeit: ca. 20 Min.
- ca. 180 kcal je Portion
- Dazu passen Baguette oder Pellkartoffeln

1. Den Brokkoli putzen, waschen und in Röschen zerteilen. Die abgeschnittenen dicken Stiele schälen und in Stücke schneiden.

2. Die Gemüsebrühe in einem Topf mit etwas Salz und Pfeffer aufkochen lassen. Den Brokkoli darin in 5 bis 8 Minuten bei mittlerer Hitze bißfest garen.

3. Den Brokkoli in einem Sieb abtropfen lassen. Die Brühe dabei auffangen. Die Tomaten über Kreuz einritzen, mit der heißen Gemüsebrühe übergießen, abschrecken und enthäuten. Die Tomaten vierteln und entkernen.

4. Den Schafskäse in Würfel schneiden. Ihn zusammen mit dem Brokkoli und den Tomaten auf einer Platte dekorativ anrichten. Die Pinienkerne in ein Schälchen geben.

Zubereitung am Tisch

5. Das Raclettegerät vorheizen. In die Pfännchen einige Brokkoliröschen und Tomatenstücke geben. Etwas Schafskäse und einige Pinienkerne darauf geben. Das Ganze im Raclettegerät 8 bis 10 Minuten gratinieren, bis der Käse braune Spitzen bekommt.

Tips *vom Küchenteam*

- *Auch mit Mozzarella oder Raclettekäse überbacken ist der Brokkoli ein Genuß.*
- *Wenn Sie ein Kombigerät verwenden, können Sie auf dem heißen Stein Steaks braten und die Brokkolipfännchen als Beilage dazu servieren.*

Kartoffel-Speck-Pfännchen

deftig · einfach
- Für das Raclettegerät
- Für 4 Personen
- Vorbereitungszeit: ca. 25 Min.
- ca. 490 kcal je Portion
- Dazu paßt der Orientalische Bohnensalat (S. 74)

1. Die gekochten Kartoffeln pellen, in kleine Würfel schneiden und in einer Schüssel anrichten.

2. Den Räucherspeck in hauchdünne Scheiben schneiden und auf einen Teller legen.

3. Den Schnittlauch abspülen, trockenschütteln und in Röllchen schneiden. Diese in einer Schüssel mit der Sahne verrühren. Mit Pfeffer, Salz und Muskat abschmecken.

4. Den Käse in einem Schüsselchen anrichten. Das Öl bereitstellen.

Zubereitung am Tisch

5. Das Raclettegerät vorheizen. Die Pfännchen leicht einfetten. Einige Speckscheibchen hineingeben und im Raclettegerät knusprig werden lassen. Dann einige Kartoffelwürfel und etwas Schnittlauchsahne mit in die Pfännchen geben und mit geraspeltem Käse bestreuen. Das Ganze im Raclettegerät goldgelb überbacken.

Tips *vom Küchenteam*

- *Zu diesem Gericht paßt eine Weißweinschorle am besten.*
- *Geben Sie kleine Räucherfischstücke (z.B. von Makrele, Schillerlocke und Heilbutt) mit den Kartoffeln in die Pfännchen.*

Zutaten

800 g Pellkartoffeln vom Vortag
100 g Räucherspeck
1 Bund Schnittlauch
150 g saure Sahne
schwarzer Pfeffer
etwas Salz
geriebene Muskatnuß
100 g grob geraspelter Emmentaler
1–2 EL Öl

Fenchelgemüse in Sahnesauce

Zutaten

ca. 6 mittelgroße Fenchelknollen (ca. 800 g)
⅛ l trockener Weißwein
ca. 2 TL Instant-Hühnerbrühe (Pulver)
100 g süße Sahne
2–3 EL Speisestärke
100 g junger Parmesan am Stück

italienisch · mal was anderes

- Für das Raclettegerät
- Für 4 Personen
- Vorbereitungszeit: ca. 30 Min.
- ca. 290 kcal je Portion
- Dazu paßt Safranreis (S. 83)

1. Die Fenchelknollen waschen und Strünke, harte Stielenden sowie Außenblätter entfernen. Die Fenchelknollen, je nach Größe, halbieren oder vierteln. Das Fenchelgrün fein hacken.

2. In einem Topf ½ l Wasser zum Kochen bringen. Wein, Instantbrühe und Fenchelstücke hineingeben. Alles aufkochen lassen, dann auf kleine Wärmestufe schalten und das Gemüse bei geschlossenem Topf etwa 15 Minuten garen. Es soll nicht zu weich werden.

3. Das Gemüse zum Abtropfen in ein Sieb geben, die Brühe dabei auffangen. Dann den Fenchel in einer Schüssel anrichten.

4. Nun 200 ml der Brühe zusammen mit der Sahne aufkochen lassen. Die Speisestärke mit etwas Wasser verrühren und unter Rühren dazugeben. Die Sauce köcheln lassen, bis sie sämig eindickt.

5. Etwas feingehacktes Fenchelgrün unter die Sauce mischen. Sie mit Pfeffer und Salz abschmecken und in einer Sauciere anrichten. Den Parmesan grob reiben und in eine Schüssel geben.

Zubereitung am Tisch

6. Das Raclettegerät vorheizen. Jeweils 1 oder 2 Fenchelstücke in ein Pfännchen geben. Darüber je 1 Eßlöffel Sauce geben und mit etwas Parmesan bestreuen. Den Fenchel im Raclettegerät überbacken, bis der Käse leicht goldbraun wird.

Tip *vom Küchenteam*

- *Passende Getränke sind ein leichter Weißwein oder Tafelwasser.*

Fenchel

Außer in Italien wird Fenchel heute hauptsächlich in Spanien, Südfrankreich, Nordafrika und Griechenland angebaut.
Die gerippten Blätter der Fenchelpflanze verdicken sich am unteren Ende zu den typisch zwiebelförmigen, weiß-grünlichen Knollen. Diese sind, je nach Sorte, langgestreckt und schmal oder rund und wiegen zwischen 150 und 300 g. Achten Sie beim Kauf darauf, daß die weiß-grünlichen Außenblätter knackig-frisch aussehen und keine braunen Stellen aufweisen. Übrigens sollte man das fedrig aussehende Fenchelgrün (es erinnert etwas an Dill) nicht mitkochen, sondern es feingehackt erst vor dem Servieren in das Gemüse geben.

In Italien, dem Land mit der aromatisch-frischen Küche, verwendet man Fenchel für viele Gerichte.

Gefüllte Champignons

Zutaten

12 große Champignons
⅛ l Weißwein
1 EL Öl
½ TL Salz
2 Frühlingszwiebeln
1 Dose Thunfisch naturell
2 EL Crème fraîche
1 EL Kräutersenf
Paprikapulver edelsüß
schwarzer Pfeffer
80 g Gouda in Scheiben

leicht · einfach

- Für das Raclettegerät
- Für 4 Personen
- Vorbereitungszeit: ca. 30 Min.
- ca. 250 kcal je Portion
- Dazu passen Baguette, die Paprikasauce (S. 96) und ein Blattsalat

1. Von den Champignons die Stiele vorsichtig herausdrehen. Den Weißwein zusammen mit dem Öl und dem Salz in einem Topf aufkochen lassen. Die Champignonköpfe darin etwa 8 Minuten bei mittlerer Hitze zugedeckt dünsten. Dann abtropfen und abkühlen lassen.

2. Inzwischen die Frühlingszwiebeln putzen, waschen und sehr fein hacken. Den Thunfisch kurz in einem Sieb abtropfen lassen und dann fein zerbröckeln oder hacken. Ihn in einer Schüssel mit Frühlingszwiebeln, Crème fraîche und Senf mischen. Die Masse mit Paprikapulver, Pfeffer und Salz abschmecken.

3. Die Thunfischmischung mit einem Teelöffel in die Champignonköpfe füllen und diese auf einer Platte anrichten. Den Gouda in kleine Stücke schneiden und ebenfalls auf einer Platte anrichten.

Zubereitung am Tisch

4. Das Raclettegerät vorheizen. Jeweils einen Champignon in ein Pfännchen geben und mit einem Käsestück belegen. Im Raclettegerät überbacken, bis der Käse geschmolzen ist.

Tips *vom Küchenteam*

- *Genießen Sie zu diesem Gericht einen halbtrockenen Weißwein.*
- *Wenn Sie keinen Kräutersenf haben, nehmen Sie einen milden „normalen" Senf, oder lassen Sie den Senf ganz weg.*

Käsekartoffeln

fein · einfach

- Für das Raclettegerät
- Für 4 Personen
- Vorbereitungszeit: ca. 30 Min.
- ca. 320 kcal je Portion
- Dazu paßt die Bunte Rohkostplatte (S. 78) mit Kräuterquark

1. Die Kartoffeln gründlich waschen, mit Wasser und etwas Salz in einem Topf zum Kochen bringen und in 20 bis 25 Minuten garkochen. Die Kartoffeln abgießen, etwas abkühlen lassen und dann pellen.

2. Die Kartoffeln der Länge nach halbieren und mit den Schnittflächen nach oben auf einer Platte anrichten.

3. Gouda, Quark und Margarine zu einer streichfähigen Creme verrühren. Eventuell noch einige Tropfen Wasser oder Milch darunterrühren, falls die Creme zu fest sein sollte.

4. Die Käsecreme mit Paprikapulver, Pfeffer und Salz gut abschmecken (wer möchte, gibt noch etwas Kümmel dazu) und in ein Schälchen geben.

Zubereitung am Tisch

5. Das Raclettegerät vorheizen. Die Schnittflächen der Kartoffeln mit etwas Käsecreme bestreichen. Je nach Größe der Kartoffelhälften 1 oder 2 Stück in ein Pfännchen setzen und etwa 6 Minuten im Raclettegerät gratinieren.

Tips *vom Küchenteam*

- *Bitte verwenden Sie nur mittelgroße Kartoffeln (etwa 100 g pro Kartoffel). Größere Kartoffeln müssen in dicke Scheiben geschnitten werden, da sie sonst nicht in das Raclettegerät passen, weil sie oben an die Grillstäbe stoßen.*
- *Geben Sie in die Käsecreme 2 Eßlöffel frisch gehackte Kräuter (z.B. Petersilie, Kerbel oder Schnittlauch) und 1 zerdrückte Knoblauchzehe.*
- *Anstelle von Quark können Sie auch einen Kräuterfrischkäse verwenden. Fügen Sie dann aber keine Margarine mehr hinzu.*

Zutaten

1 kg mittelgroße neue Kartoffeln
etwas Salz
100 g geriebener Gouda
100 g Magerquark
1 EL weiche Margarine
½ TL Paprikapulver edelsüß
½ TL schwarzer Pfeffer
eventuell etwas Kümmel

Champignonschnittchen

Zutaten

500 g Champignons
1 kleine Zwiebel
2 EL Butter
1 EL Mehl
2 EL Crème fraîche
50 ml Weißwein
schwarzer Pfeffer
etwas Salz
geriebene Muskatnuß
4 Scheiben Vollkorntoastbrot
etwas Butter zum Bestreichen
100 g Gruyère

fein · einfach

- Für das Raclettegerät
- Für 4 Personen
- Vorbereitungszeit: ca. 25 Min.
- ca. 360 kcal je Portion
- Dazu passen die Artischockenherzen auf Tomatenscheiben (S. 80)

1. Die Champignons putzen, die Stielenden abschneiden und die Pilze in Scheiben schneiden.

2. Die Zwiebel schälen und in kleine Würfel schneiden.
2 Eßlöffel Butter in einer Kasserolle erhitzen und die Zwiebel darin andünsten. Die Champignonscheiben hinzufügen und etwa 8 Minuten mitdünsten, bis keine Flüssigkeit mehr im Topf ist.

3. Das Mehl darüberstreuen und die Crème fraîche sowie den Wein darunterrühren. Das Pilzragout mit Pfeffer, Salz und Muskat abschmecken und in eine Schüssel füllen.

4. Die Toastscheiben beidseitig leicht toasten, diagonal durchschneiden und abkühlen lassen. Den Gruyère in Streifen oder Dreiecke schneiden. Beides auf Tellern anrichten. Die Butter zum Bestreichen ebenfalls anrichten.

Zubereitung am Tisch

5. Das Raclettegerät vorheizen. Die Toastecken mit etwas Butter bestreichen und in Pfännchen legen. Dann etwas Champignonragout darauf verteilen und mit dem Käse belegen. Die Toasts im Raclettegerät überbacken, bis der Toast richtig heiß und der Käse geschmolzen ist.

Tips *vom Küchenteam*

- *Dazu paßt ein trockener Weißwein oder ein Rosé.*
- *Statt Gruyère können Sie auch Gouda oder Raclettekäse nehmen.*
- *Die Sauce des Pilzragouts gelingt besonders fein, wenn Sie statt dem üblichen Haushaltsmehl Instantmehl nehmen.*
- *Tauschen Sie die Butter zum Bestreichen einmal durch Kräuter- oder Knoblauchbutter (Rezepte auf der Seite 108) aus. Das fördert das Aroma der Toasts.*

Champignons

Der Champignon, auch Egerling genannt, ist ein in Europa häufig anzutreffender Pilz. Er wächst auf Wiesen und an Feldrändern, wird aber auch schon seit langem kultiviert. Berühmt sind z. B. die unterirdischen Kasematten in der Nähe von Paris, wo man seit dem 17. Jahrhundert Champignons züchtet. Weiße Champignons werden in unterschiedlichen Größen angeboten. Große Pilze mit festem Fleisch sind beliebt zum Füllen oder als Zutat in frischen Salaten. Kleinere Champignons verwendet man hauptsächlich für Füllungen oder Saucen. Seit mehreren Jahren hat sich der Steinpilzchampignon, eine neuere Züchtung, durchgesetzt. Die Außenhaut des Pilzhutes ist braun, das Pilzfleisch weiß und von recht fester Struktur. Deshalb ist beim Steinpilzchampignon die Haltbarkeit etwas besser als bei seinem weißen Verwandten. Übrigens, aufbewahren sollten Sie Champignons immer nur sehr kurze Zeit – sie sind leicht verderblich.

SIGG

Zutaten
600 g Zucchini
500 g Tomaten
200 g Mascarpone (Frischkäse aus Italien)
2 EL Sahne
schwarzer Pfeffer
etwas Salz
½ TL Paprikapulver edelsüß

Gratinierte Zucchini und Tomaten

mediterran · leicht

- Für das Raclettegerät
- Für 4 Personen
- Vorbereitungszeit: ca. 25 Min.
- ca. 320 kcal je Portion
- Dazu passen Polentaschnitten (S. 86) und Tomatensauce mit Oliven (S. 100)

1. Das Gemüse waschen und abtropfen lassen. Die Zucchini putzen und in etwa 2 mm dicke Scheiben schneiden.

2. Die Tomaten über Kreuz einritzen, kurz überbrühen, abschrecken und enthäuten. Die Tomaten vierteln und entkernen.

3. Das Gemüse auf einer großen Platte oder auf 2 Tellern anrichten.

4. Den Mascarpone in eine Schüssel geben. Die Sahne darunterrühren. Die Käsecreme mit Pfeffer, Salz und Paprikapulver abschmecken.

Zubereitung am Tisch

5. Das Raclettegerät vorheizen. Zucchinischeiben und Tomatenstücke in die Pfännchen geben. Darüber etwas von der Käsecreme geben. Das Gemüse im Raclette gratinieren, bis die Käsecreme eine leicht goldbraune Farbe hat.

Tips *vom Küchenteam*

- *Als Getränk ist ein spritziger Weißwein oder eine Weißweinschorle zu empfehlen.*
- *Statt Mascarpone können Sie auch Doppelrahmfrischkäse nehmen.*
- *Besonders würzig wird die Käsecreme, wenn Sie 1 Teelöffel Kräuter der Provence darunterrühren. Auch 1 zerdrückte Knoblauchzehe bringt Aroma.*

Curry-Bananen-Pfännchen

exotisch · schnell

- Für das Raclettegerät
- Für 4 Personen
- Vorbereitungszeit: ca. 10 Min.
- ca. 170 kcal je Portion
- Dazu paßt Orientalischer Reis (S. 84)

1. Die Bananen schälen und in etwa ½ cm dicke Scheiben schneiden. Diese auf einer Platte anrichten und mit dem Zitronensaft beträufeln.

2. Die Bananenscheiben mit Currypulver sowie mit etwas Pfeffer und Salz bestreuen. Die Kokosraspel in ein Schälchen geben. Das Öl bereitstellen.

Zubereitung am Tisch

3. Das Raclettegerät vorheizen. Die Pfännchen mit etwas Öl ausfetten. Jeweils einige Bananenscheiben hineinlegen und mit Kokosraspeln bestreuen. Im Raclettegerät etwa 8 Minuten backen.

Tips *vom Küchenteam*

- *Bananen werden schnell braun, wenn sie geschält sind. Das Beträufeln mit Zitronensaft verhindert dies.*
- *Besonders gut schmecken die Bananenpfännchen, wenn Sie frische Kokosraspeln verwenden. Dafür bei einer Kokosnuß 2 der 3 Augen mit einem spitzen Messer durchstechen und das Kokoswasser abgießen. Die Schale der Kokosnuß mit einem Hammer in der Mitte rundherum anschlagen und die Nuß auseinanderbrechen. Von den Stücken die äußere, harte Schale abbrechen. Die dünne, auf dem weißen Fleisch haftende Schale mit einem Sparschäler entfernen. Dann das Fruchtfleisch raspeln.*

Zutaten

4 große Bananen
Saft von 1 Zitrone
ca. 2 TL Currypulver
schwarzer Pfeffer
etwas Salz
2 EL Kokosraspel
1 TL Öl

Auberginen mit Tomatensauce und Mozzarella

Zutaten
750 g Auberginen
etwas Salz
700 g Tomaten
100 g Zwiebeln
1–2 Knoblauchzehen
6 EL Öl
schwarzer Pfeffer
etwas getrockneter Thymian
100 ml trockener Rotwein
2–3 EL Mehl
300 g Mozzarella
etwas Olivenöl

italienisch · gehaltvoll
* Für das Raclettegerät
* Für 4 Personen
* Vorbereitungszeit: ca. 35 Min.
* ca. 480 kcal je Portion
* Dazu passen Baguette und ein Blattsalat mit Vinaigrette

1. Die Auberginen waschen und die Stiele abtrennen. Die Auberginen in etwa 1 cm dicke Scheiben schneiden und diese mit Salz bestreuen. Alles etwa 15 Minuten stehen lassen. Dann die Flüssigkeit auf den Scheiben mit Küchenpapier abtupfen.

2. In der Zwischenzeit die Tomaten über Kreuz einritzen, kurz überbrühen, abschrecken und enthäuten. Die Tomaten achteln und entkernen.

3. Die Zwiebeln schälen und in kleine Würfel schneiden. Die Knoblauchzehen schälen und durch die Presse drücken.

4. 2 Eßlöffel Öl in einer Kasserolle erhitzen und die Zwiebelwürfel darin glasig dünsten. Tomaten, Knoblauch, etwas Pfeffer, Salz und Thymian sowie den Rotwein hinzufügen. Alles zum Kochen bringen und dann auf mittlerer Wärmestufe etwa 8 Minuten offen köcheln lassen. Die Tomatensauce in eine Schüssel füllen.

5. Die Auberginenscheiben mit Mehl bestäuben und in einer Pfanne in 4 Eßlöffel Öl von beiden Seiten goldbraun braten. Sie aus der Pfanne nehmen und auf einem Teller anrichten.

6. Den Mozzarella in Scheiben schneiden und auf einem Teller anrichten. Den Käse mit Salz und Pfeffer bestreuen und mit etwas Olivenöl beträufeln.

Zubereitung am Tisch

7. Das Raclettegerät vorheizen. In die Pfännchen jeweils 2 Auberginenscheiben und darauf 1 bis 2 Mozzarellascheiben legen. Darüber 1 bis 2 Eßlöffel der würzigen Tomatensauce geben. Das Ganze im Raclettegerät überbacken.

Tips *vom Küchenteam*

* *Als Getränk eignet sich ein leichter Rosé oder ein Rotwein.*
* *Statt der Auberginen können Sie auch Zucchini nehmen. Diese müssen aber nicht mit Salz bestreut werden.*
* *Wer die Tomatensauce besonders würzig haben möchte, gibt noch 2 Eßlöffel gehacktes Basilikum dazu.*

Austernpilzpfännchen

schnell · einfach
- Für das Raclettegerät
- Für 4 Personen
- Vorbereitungszeit: ca. 15 Min.
- ca. 180 kcal je Portion
- Dazu passen Kräuterreis (S. 82) und Rucola mit Pecorino (S. 75)

1. Die Pilze putzen, d. h. alle schadhaften Stellen und die Stielenden abschneiden. Die Pilze dann in mundgerechte Stücke schneiden und in einer Schüssel anrichten.

2. Die Frühlingszwiebeln putzen, waschen und in dünne Ringe schneiden. Ebenfalls in eine Schüssel geben.

3. Butter, Gewürze und Käse auf dem Tisch bereitstellen.

Zubereitung am Tisch

4. Das Raclettegerät vorheizen. In jedes Pfännchen etwas Butter geben. Pilz- und Zwiebelstückchen hineingeben und beides zusammen im Raclettegerät einige Minuten dünsten. Dann etwas Käse daraufstreuen und die Pilze einige Minuten im Raclette gratinieren. Zuletzt die Pilzpfännchen würzen.

Tips *vom Küchenteam*

- *Zu diesem vegetarischen Gericht passen Weißwein oder Weißweinschorle sehr gut.*
- *Pilze sollten nur gewaschen werden, wenn sie sandig sind. Achten Sie dann aber darauf, daß sie nicht im Wasser liegenbleiben, denn Pilze saugen sich schnell mit Wasser voll und werden dann beim Braten gummiartig und weich.*
- *Statt der Austernpilze können Sie auch frische Champignons, Pfifferlinge oder Shiitakepilze nehmen.*
- *Der Gouda läßt sich durch andere geriebene Käsesorten sowie durch Raclettekäse (in Scheiben), Mozzarellascheiben und Blauschimmelkäse (in Würfeln) ersetzen.*
- *Ersetzen Sie die Butter einmal durch Kräuter- oder Knoblauchbutter. Rezepte dafür finden Sie auf der Seite 108.*

Zutaten

600 g Austernpilze
3 Frühlingszwiebeln
50 g Butter
Paprikapulver edelsüß
schwarzer Pfeffer
etwas Salz
100 g geriebener Gouda

Bulgur mit Kräutertofu

Für den Kräutertofu

500 g Tofu
6 EL Öl
2 EL Sojasauce
½ TL Currypulver
schwarzer Pfeffer
1 Msp. Zucker
1–2 EL Zitronensaft
2 Knoblauchzehen
½ Bund Petersilie
1 Msp. getrockneter Thymian

Für den Bulgur

2 Zwiebeln
1 Knoblauchzehe
2 EL Öl
250 g mittelgrober Bulgur
½ l Gemüsebrühe
½ TL Paprikapulver edelsüß
schwarzer Pfeffer
1 Msp. getrockneter Majoran

Außerdem

2 reife Avocados
Saft von 1 Zitrone
etwas Salz
250 g Tomaten

türkisch · mild

* Für das Raclettegerät
* Für 4 Personen
* Vorbereitungszeit: ca. 30 Min. (plus ca. 1 Std. Marinierzeit)
* ca. 720 kcal je Portion
* Dazu passen Tomatensalat und Fladenbrot

1. Den Tofu unter kaltem Wasser abspülen und mit Küchenpapier trockentupfen. Ihn dann in 2 cm große Würfel schneiden und in eine Schüssel legen.

2. Das Öl mit der Sojasauce, Currypulver, Pfeffer, Zucker und Zitronensaft in einer Schüssel verrühren. Die Knoblauchzehen schälen, durch die Presse drücken und hinzufügen. Die Petersilie waschen, trockenschütteln und fein hacken. Beides zusammen mit dem Thymian in die Marinade geben.

3. Den Tofu mit der Marinade locker mischen und etwa 1 Stunde zugedeckt durchziehen lassen.

4. Inzwischen für den Bulgur die Zwiebeln schälen und in Würfel schneiden. Die Knoblauchzehe schälen und zerdrücken.

5. Das Öl in einem Topf erhitzen. Zwiebelwürfel und Knoblauch darin andünsten.

6. Den Bulgur in ein Sieb geben, unter fließendem Wasser waschen, abtropfen lassen und in den Topf geben. Das Getreide unter Rühren 3 bis 5 Minuten dünsten.

7. Die Brühe dazugießen und alles einmal aufkochen lassen. Paprikapulver, Pfeffer und Majoran dazugeben. Den Bulgur zugedeckt auf kleinster Stufe in etwa 15 Minuten ausquellen lassen. Ihn zwischendurch mit einer Gabel mehrmals auflockern.

8. In der Zwischenzeit die Avocados längs vierteln und die Steine herauslösen. Die Stücke schälen und in Würfel oder kleine Scheiben schneiden. Diese mit dem Zitronensaft beträufeln, etwas Pfeffer und Salz darüber streuen und auf einem Teller anrichten.

9. Die Tomaten waschen, putzen, in Scheiben schneiden und rund um die Avocados legen.

Zubereitung am Tisch

10. Das Raclettegerät vorheizen. Jeweils etwas Bulgur in ein Pfännchen geben. Dann einige Avocado- und Tomatenscheiben sowie einige Tofuwürfel hinzufügen. Das Ganze im Raclettegerät überbacken.

Tips *vom Küchenteam*

- *Servieren Sie zu diesem Gericht schwarzen Tee oder einen leichten Weißwein.*
- *Wenn Sie ein Kombigerät besitzen, können Sie den Tofu auch auf dem heißen Stein braten. Schneiden Sie ihn dann am besten in Scheiben statt in Würfel. Im Racletteteil erwärmen Sie parallel den Bulgur mit einigen Tomaten- und Avocadoscheiben.*
- *Statt der Petersilie können Sie für die Marinade auch frischen Rosmarin oder Oregano nehmen. Der Tofu erhält so eine feine provenzalische Geschmacksnote.*

Bulgur

In der Türkei und in anderen orientalischen Ländern ist Bulgur die Grundlage vieler Gerichte. Es handelt sich dabei um Weizenschrot, der bereits vorgegart und wieder getrocknet wurde. Durch dieses Verarbeitungsverfahren ist die Garzeit von Bulgur recht kurz.

Tofu

Das aus Japan stammende Lebensmittel findet in der asiatischen Küche großen Einsatz. Tofu (auch Sojaquark genannt) wird durch ein spezielles Verfahren mit Hilfe von Mikroorganismen aus Sojamilch hergestellt. Er ähnelt in seiner Konsistenz dem Käse.

Tofu wird bei uns in unterschiedlichen Arten angeboten: Am häufigsten findet man ihn in „Naturform", d. h. ohne jegliche Zugabe von geschmacksgebenden Zutaten. Diese Version hat jedoch zunächst dazu geführt, daß sich viele mit Tofu nicht recht anfreunden konnten, weil der Geschmack als zu fade empfunden wurde. Aus diesem Grund findet man heute in den Geschäften schon sehr häufig in der ein oder anderen Variante „gewürzte" Tofuarten wie Räuchertofu, Gewürztofu und Gemüsetofu.

Käse und Raclette – eine gelungene Symbiose

Im Wallis, in der Westschweiz, soll das Raclette erfunden worden sein – ob von Holzfällern, Sennern oder Bergbauern, das läßt sich nicht mehr eindeutig klären. Sicher ist jedoch, daß der Käse damals die Hauptrolle spielte: Man legte einen halben Käselaib in die Nähe des Feuers und ließ den Käse schmelzen. Dann schabte man die zart fließende Käsecreme auf einen Teller und aß sie zusammen mit Pellkartoffeln. Wenn die Zeiten gerade gut waren, dann gab es dazu noch etwas rohen Schinken oder Speck.

Heute beschränkt man sich nicht mehr auf diese einfache Variante. Zu vielfältig ist das Käse- und Lebensmittelangebot. Jedoch spielt der Käse nach wie vor eine wichtige Rolle. Neben Klassikern, wie Emmentaler, Gouda und Raclettekäse, eignen sich auch Blauschimmelkäse, italienischer Mozzarella, griechischer Feta und viele andere internationale Sorten zum Gratinieren im Raclettegerät.

Probieren Sie doch einmal eigene Kreationen mit verschiedenen Käsesorten aus, nach dem Motto „Selbst ist der Koch“.

Spinat-Hirse-Bällchen

Zutaten

200 g TK-Blattspinat
¼ l Gemüsebrühe
200 g Hirseflocken
200 g Tofu
1 TL Currypulver
1 TL gemahlener Kreuzkümmel
schwarzer Pfeffer
etwas Salz
1 Zwiebel
1 EL Öl
etwas Paniermehl
etwas Öl

orientalisch · würzig

- Für den heißen Stein
- Für 4 Personen
- Vorbereitungszeit: ca. 40 Min.
- ca. 460 kcal je Portion
- Dazu passen Orientalischer Bohnensalat (S. 74) und Möhren-Nuß-Sauce (S. 93) oder Vierfruchtchutney (S. 106)

1. Den Spinat etwa 30 Minuten vor der Verwendung zum Antauen auf einen Teller legen.

2. Inzwischen die Gemüsebrühe in einem Topf aufkochen lassen. Die Hirseflocken hineinrühren und in etwa 5 Minuten zu einem dicken Brei kochen. Dabei ständig umrühren. Den Brei in eine Schüssel geben und etwas abkühlen lassen.

3. Den Tofu fein zerkrümeln. Ihn mit Currypulver, Kreuzkümmel, Pfeffer, Salz und dem Hirsebrei mischen.

4. Die Zwiebel schälen und in Würfel schneiden. Sie im heißen Öl in einem Topf glasig dünsten. Den Spinat hinzufügen und zugedeckt bei mittlerer Hitze auftauen lassen. Ihn dann in ein Sieb geben, gut ausdrücken und kleinschneiden.

5. Die Hirsemasse mit dem Spinat mischen und die Masse gut abschmecken.

6. Aus der Spinatmasse mit angefeuchteten Händen 8 oder 16 Bällchen formen und diese in dem Paniermehl wälzen. Die Panade leicht andrücken. Die Küchlein auf einer Platte anrichten.

Zubereitung am Tisch

7. Den heißen Stein erhitzen und dann mit einigen Tropfen Öl beträufeln. Die Bällchen darauf goldgelb braten.

Gerichte mit Getreide und Spinat, raffiniert abgeschmeckt mit geheimnisvollen Gewürzen, sind eine orientalische Spezialität.

Tips *vom Küchenteam*

- *Servieren Sie als Getränk schwarzen Tee, Apfelsaft oder einen kräftigen französischen Weißwein.*
- *Kreuzkümmel, auch Cumin genannt, stammt aus dem orientalischen Raum. Sie erhalten es in Spezialitätenläden und in jedem gut sortierten türkischen Lebensmittelgeschäft.*
- *Hirseflocken bekommen Sie in Naturkostläden und Reformhäusern.*
- *Anstelle des Spinats können Sie auch feingehackte Kräuter, 100 g geraspelte Zucchini und 1 bis 2 Eßlöffel geröstete Sonnenblumenkerne unter die Hirsemasse mischen. Eventuell mit etwas Zitronensaft abschmecken.*

Zutaten
125 g rote Linsen
375 ml Gemüsebrühe
100 g Möhren
½ Stange Lauch
125 g Hirseflocken
etwas geriebene Muskatnuß
schwarzer Pfeffer
etwas Salz
50 g gemahlene Mandeln
etwas Öl

Hirse-Linsen-Klößchen

mal was anderes

- Für den heißen Stein
- Für 4 Personen
- Vorbereitungszeit: ca. 45 Min.
- ca. 350 kcal je Portion
- Dazu passen Baguette oder Kräuterreis (S. 82) und die Paprikasauce (S. 96)

1. Die roten Linsen in 250 ml kochende Gemüsebrühe geben und in etwa 15 Minuten zugedeckt gar kochen.

2. In der Zwischenzeit die Möhre schälen und putzen, den Lauch ebenfalls putzen. Beides waschen und in dünne Streifen schneiden.

3. Das Gemüse zu den Linsen geben und etwa 5 Minuten mitgaren. Dann das Linsengemüse in einem Sieb abtropfen lassen.

4. Nun 125 ml Gemüsebrühe in einem Topf aufkochen lassen. Die Hirseflocken unter Rühren hineingeben und in etwa 5 Minuten zu einer dicken Masse kochen.

5. Den Hirsebrei leicht abkühlen lassen und mit dem Linsengemüse in einer Schüssel mischen. Die Masse mit Muskat, Pfeffer und Salz pikant abschmecken.

6. Aus der Hirsemasse walnußgroße Klößchen formen und diese in den gemahlenen Mandeln wenden. Die Klößchen auf einer Platte anrichten und mit der Petersilie dekorieren.

Zubereitung am Tisch

7. Den heißen Stein erhitzen. Etwas Öl darauf geben und die Klößchen darauf von allen Seiten goldgelb braten.

Tips *vom Küchenteam*

- *Sie können die Klößchen auch im Raclettegerät zubereiten. Da die Einschuböffnungen mancher Geräte relativ flach sind, sollten Sie die Klößchen vor dem Anrichten etwas flachdrücken – es entstehen dann flache Plätzchen.*
- *Statt der gemahlenen Mandeln eignet sich auch Paniermehl.*

Kartoffelküchlein

Spargericht · sättigend
- Für das Raclette und den heißen Stein
- Für 4 Personen
- Vorbereitungszeit: ca. 35 Min.
- ca. 350 kcal je Portion
- Dazu passen Tomatensalat und Kräuterquark

Zutaten
500 g Pellkartoffeln vom Vortag
1 großes Ei
2 EL Quark
1 Bund Petersilie
1 Zwiebel
2 EL Öl
3–4 EL Mehl
geriebene Muskatnuß
schwarzer Pfeffer
etwas Salz
etwas Öl zum Braten

1. Die gekochten Kartoffeln pellen und fein zerdrücken oder durch die Kartoffelpresse geben. Die Kartoffeln in einer Schüssel mit dem Ei und dem Quark gut mischen.

2. Die Petersilie kalt abspülen, trockenschütteln und fein hacken. Die Zwiebel schälen und in kleine Würfel schneiden. Beides zusammen in einer Kasserolle im Öl einige Minuten dünsten. Dann zu den Kartoffeln geben.

3. Alle Zutaten zu einem Kartoffelteig vermischen. Dabei soviel Mehl hinzufügen, bis die Masse eine gute Bindung hat. Den Kartoffelteig mit Muskat, Salz und Pfeffer abschmecken.

4. Aus der Masse mit leicht angefeuchteten Händen kleine Küchlein von 6 bis 8 cm Durchmesser formen. Diese auf einer Platte anrichten.

Zubereitung am Tisch

5. Bei der Zubereitung im Raclette zunächst das Gerät vorheizen. Die Pfännchen mit etwas Öl einfetten und die Kartoffelküchlein darin unter einmaligem Wenden von beiden Seiten goldgelb backen.

6. Bei der Zubereitung auf dem heißen Stein zunächst das Gerät erhitzen. Den Stein mit etwas Öl beträufeln und die Küchlein darauf von beiden Seiten goldgelb braten.

Tips *vom Küchenteam*

- *Servieren Sie dazu ein kühles Bier.*
- *Die Kartoffelküchlein sind auch eine leckere Beilage zu Fleischspießen, gebratenem Leberkäse oder gebratenen Gemüsescheiben.*

Crêpes mit Spinat-Käse-Füllung

Für die Füllung

400 g TK-Blattspinat
2 Zwiebeln
2 EL Öl
1 TL Instant-Gemüsebrühe (Pulver)
schwarzer Pfeffer
1 Msp. geriebene Muskatnuß
2 EL Crème fraîche
50 g grob geraspelter Emmentaler

Für die Crêpes

3 Eier
⅛ l Milch
1 Prise Salz
125 g Mehl
Mineralwasser (ca. 100 ml)
etwas Öl zum Backen

etwas aufwendiger

* Für das Kombigerät
* Für 4 Personen
* Vorbereitungszeit: ca. 1 Std.
* ca. 420 kcal je Portion
* Dazu paßt Tomatensalat

1. Den Blattspinat vor der Verwendung etwa 30 Minuten antauen lassen.

2. Inzwischen für die Crêpes die Eier aufschlagen und in eine Rührschüssel geben. Milch und Salz hinzufügen und alles mit dem elektrischen Handrührgerät schaumig schlagen.

3. Das Mehl unter die Eiercreme rühren. Den Teig etwa 10 Minuten stehen lassen, damit das Mehl nachquillt.

4. Falls der Teig nach dem Quellen zu dickflüssig ist, etwas Mineralwasser darunterrühren.

5. Für die Füllung die Zwiebeln schälen und in Würfel schneiden. Das Öl in einem Topf erhitzen und die Zwiebeln darin glasig dünsten.

6. Den Spinat zu den Zwiebeln geben. Mit der Instantbrühe, Pfeffer und Muskat bestreuen. Den Spinat bei geschlossenem Topf auf kleiner Wärmestufe zugedeckt vollständig auftauen lassen.

7. Den Spinat einmal aufkochen lassen, dann die Crème fraîche darunterrühren. Den Spinat nochmals abschmecken und in einer Schüssel anrichten. Den Käse ebenfalls in eine Schüssel geben.

Zubereitung am Tisch

8. Das Kombigerät vorheizen. Den heißen Stein dann leicht einfetten. Je nach Crêpesgröße 2 bis 3 Eßlöffel Teig darauf geben und zu einem glatten, runden Eierkuchen ausstreichen. Den Crêpe backen, bis die Unterseite gebräunt ist. Ihn dann wenden und kurz von der anderen Seite backen.

9. Inzwischen in die Pfännchen je 2 Eßlöffel Spinat geben und mit dem Käse bestreuen. Das Gemüse im Raclettegerät überbacken, bis der Käse geschmolzen ist.

10. Auf die eine Hälfte eines fertigen Crêpe jeweils den Inhalt eines Pfännchens gleiten lassen (das geht mit Hilfe der kleinen Spatel sehr einfach). Dann die zweite Crêpehälfte darüberklappen.

Spinat

Spinat unterscheidet man bei uns im Handel nicht nach Sorten, sondern nach dem Erntetermin (Frühlings-, Sommer- oder Herbstspinat). Manchmal differenziert man auch nach der Pflück- bzw. Erntetechnik. Er kommt dann als Blatt- oder Wurzelspinat auf den Markt.
Besonders zart und mild im Geschmack ist der Frühlingsspinat. Man verwendet ihn gerne als Salat. Die Blätter von Sommer- und Herbstspinat haben eine kräftigere Blattstruktur. Ihr Geschmack ist ausgeprägter als bei seinem Frühlingsverwandten.
Spinat sollte stets unmittelbar nach der Ernte zubereitet werden, denn er verliert innerhalb weniger Stunden einen Großteil seiner Vitamine.

Tips *vom Küchenteam*

* *Das Crêpes-Backen auf dem heißen Stein erfordert etwas Geduld und Fingerspitzengefühl. Wichtig ist, daß die Steinfläche stets gut eingefettet ist, damit die Crêpes nicht anhängen. Geben Sie nicht zuviel Teig auf die Steinplatte, denn sonst läuft er über den Rand, und die Zubereitung dauert recht lange, weil die Crêpes sehr dick sind.*
* *Vollwertkost-Fans bereiten den Teig mit Vollkornmehl zu. Eventuell wird der Teig dann etwas dickflüssiger. Verdünnen Sie ihn mit etwas Mineralwasser.*

Die schönste Nebensache der Welt

Was wäre ein gelungenes Menü ohne passende Beilagen. Ob Salat, Gemüse, Nudeln, Reis, Kartoffeln oder Brot – die Auswahl ist groß, aber auch die Nachfrage.

Gerade beim „kulinarischen Gesellschaftsspiel“, wie man ein Essen mit Raclette und heißem Stein oft liebevoll bezeichnet, entsteht die ein oder andere Pause, bis das Selbstgegarte fertig ist. Und das ist die Zeit der Salate und Beilagen! Ein bißchen knackiger Salat oder ein Stück Baguette mit Kräuterbutter, wer kann da schon nein sagen. Besonders ausgefuchste „Tischköche“ beschränken sich nach einigen Durchgängen ausschließlich auf die netten Begleiter der Hauptgerichte. Damit das Schlemmen am Tisch zum Erfolg wird, sollten Sie mindestens 3 verschiedene Sorten Brot, 2 Salate und einige andere Beilagen auf dem Tisch stehen haben. Gekrönt wird das Ganze dann durch pfiffige Saucen und Dips, von denen wir weiter hinten im Buch eine große Auswahl für Sie bereithalten.

Orientalischer Bohnensalat

Zutaten

250 g grüne Bohnen
⅛ l Gemüsebrühe
2 Zwiebeln
1 Knoblauchzehe
10 schwarze Oliven
6 EL Öl
2 EL Weißweinessig
etwas Salz
Paprikapulver edelsüß
schwarzer Pfeffer
1 kl. Dose Maiskörner (ca. 150 g)
200 g Schafskäse (Feta)
einige Zweige glatte Petersilie

vegetarisch · würzig

- Für 4 Personen
- Zubereitungszeit: ca. 25 Min. (plus ca. 30 Min. zum Durchziehen)
- ca. 350 kcal je Portion
- Paßt gut zu würzigen Fleischgerichten

1. Die Bohnen waschen, eventuell abfädeln und die Enden abschneiden. Die Bohnen in mundgerechte Stücke schneiden und in einem Topf in der Brühe in 12 bis 15 Minuten gardünsten.

2. In der Zwischenzeit die Zwiebeln und die Knoblauchzehe schälen. Die Zwiebeln in kleine Würfel schneiden, die Knoblauchzehe durch die Presse drücken. Die Oliven halbieren und entsteinen.

3. Das Öl mit dem Essig verrühren und die Vinaigrette mit den Gewürzen abschmecken. Die Maiskörner abtropfen lassen.

4. Bohnen, Zwiebelwürfel, Knoblauch, Oliven und Mais zusammen in eine Schüssel geben. Die Marinade darübergießen und alles locker mischen.

5. Den Schafskäse in Würfel schneiden. Die Petersilie waschen, trockenschütteln und grob hacken. Beides vorsichtig unter den Salat mischen. Ihn nochmals abschmecken.

6. Den Salat vor dem Servieren etwa 30 Minuten durchziehen lassen.

Tip *vom Küchenteam*

- *Wer möchte, gibt noch 2 gewürfelte Tomaten und/oder 1 rote Paprikaschote (ebenfalls in Würfel geschnitten) dazu.*

Rucola mit Pecorino

1. Den Pecorino in hauchdünne Scheiben schneiden und in ein Schüsselchen geben. Das Olivenöl darübergießen.

2. Die Basilikumblätter waschen, trockentupfen und in feine Streifen schneiden. Die Knoblauchzehe schälen, durch die Presse drücken und zusammen mit dem Basilikum über den Käse geben. Alles mit etwas Pfeffer würzen und dann gut mischen.

3. Den Rucola gründlich unter kaltem Wasser waschen und trockenschleudern. Harte Stielenden entfernen. Größere Blätter in mundgerechte Stücke schneiden.

4. Den Rucola locker in eine Schüssel geben und zusammen mit dem eingelegten Käse servieren. Dieser wird erst bei Tisch auf den Salat gegeben.

italienisch · festlich

* Für 4 Personen
* Zubereitungszeit: ca. 20 Min.
* ca. 220 kcal je Portion
* Paßt gut zu italienischen Gerichten

Zutaten

50 g Pecorino am Stück
6 EL Olivenöl
10 Basilikumblätter
1 Knoblauchzehe
schwarzer Pfeffer
2 Bund Rucola

Rucola

Dieser Salat stammt aus Italien. Man findet ihn aber auch in anderen europäischen Ländern, wo er z. B. in Frankreich „Roquette" und in Deutschland „Rauke" genannt wird.
Rucola schmeckt sehr würzig bis scharf und hat eine feine, nussige Note. Aufgrund seiner Schärfe wirkt er verdauungsanregend.
Die Salatsorte wird bei uns häufig nur in Geschäften angeboten, die auch Gemüse- oder Kräuterspezialitäten führen. Sie finden sie aber oft auch auf dem Wochenmarkt und in italienischen Lebensmittelgeschäften.

Frühlingssalat

Zutaten
2 Eier
1 kleiner Kopf Friséesalat
100 g Feldsalat
1 Bund Frühlingszwiebeln
1 Bund Radieschen
100 g kleine Champignons
2 EL Kräutersenf
100 g Joghurt
3–4 EL süße Sahne
1 Msp. Zucker
etwas Salz
Paprikapulver edelsüß
schwarzer Pfeffer

frisch · leicht

- Für 4 Personen
- Zubereitungszeit: ca. 25 Min.
- ca. 140 kcal je Portion
- Paßt gut zu Gebratenem

1. Die Eier in etwa 10 Minuten hartkochen. Inzwischen den Frisée und den Feldsalat putzen, waschen und trockenschleudern. Größere Salatblätter in mundgerechte Stücke zupfen.

2. Die Frühlingszwiebeln putzen und waschen. Das Grün in ½ cm breite Stücke schneiden. Das Weiße in feine Scheiben schneiden.

3. Die Radieschen und die Champignons putzen, waschen und in Scheiben schneiden.

4. Die hartgekochten Eier abschrecken, pellen und dann achteln.

5. Die Salatzutaten dekorativ auf Tellern anrichten.

6. Senf, Joghurt und Sahne zu einem Dressing verrühren. Es mit Zucker, Salz, Paprikapulver und Pfeffer pikant würzen.

7. Das Dressing erst unmittelbar vor Beginn des Essens über die Salatteller verteilen.

Tips *vom Küchenteam*

- *Sie können über den Salat noch 1 bis 2 Eßlöffel frische Sprossen (z.B. Linsen-, Sonnenblumen-, Soja- oder Weizensprossen) geben.*
- *Eine Essig-Öl-Marinade schmeckt auch sehr gut zu diesem Salat.*

Wenn die Natur erwacht ist, hat auch der heimische Gemüsegarten schon einiges zu bieten – ideal für einen frischen Vitaminstoß.

Radieschen

Die kleinen, knackigen, roten Knollen werden in Europa schon seit mindestens 400 Jahren geschätzt. Ihre Herkunft liegt etwas im dunklen, da sie nachweislich bereits im Altertum in verschiedenen Ländern Asiens kultiviert wurden.
Radieschen gibt es im Handel in der bekannten kugeligen Form, aber auch oval oder als kleine Zapfen. Außer in der gewohnten leuchtend roten Farbe findet man hellrote Sorten und die, vor allem in Frankreich beliebten, zweifarbigen oder ganz weißen Radieschen. Letztere werden in Deutschland im Frühling unter dem Namen „Eiszapfen“ angeboten.

Bunte Rohkostplatte

Zutaten
½ Salatgurke (ca. 200 g)
1 Bund Radieschen
1 gelbe Paprikaschote
3 Tomaten
2 Möhren
1 Bund Frühlingszwiebeln

frisch · vitaminreich
- Für 4 Personen
- Zubereitungszeit: ca. 30 Min.
- ca. 50 kcal je Portion
- Paßt gut zu Gebratenem

1. Die Salatgurke waschen und in Scheiben schneiden. Von den Radieschen welke Blätter und Würzelchen entfernen und die Radieschen waschen. Die Paprikaschote halbieren, Stiel, Kerne und weiße Innenhäute entfernen. Die Schote waschen und dann in dünne Streifen schneiden.

2. Die Tomaten waschen, putzen und in Scheiben oder Viertel schneiden. Die Möhren schälen, putzen und in dünne Stifte schneiden. Die Frühlingszwiebeln putzen, waschen und mit dem Grün der Länge nach halbieren.

3. Die Zutaten auf einer großen Platte dekorativ, z. B. strahlenförmig, anrichten.

Tips *vom Küchenteam*

- *Bereiten Sie verschiedene Saucen und Dips zu (z.B. S. 98), und stellen Sie diese zusammen mit der Rohkostplatte auf den Tisch.*
- *Die Rohkostplatte läßt sich gut vorbereiten. Decken Sie sie aber mit Frischhaltefolie ab, wenn sie bis zum Servieren noch länger stehen muß.*
- *Für die Rohkostplatte eignen sich auch noch andere Gemüsesorten, z.B. Zucchini (in Stifte oder Scheiben geschnitten), Bleichsellerie (in 10 cm langen Stangen) und Kohlrabi (in Stifte geschnitten). Wählen Sie am besten nach dem jahreszeitlichen Angebot aus.*

Avocado-Bohnen-Salat

1. Den Salat putzen, waschen und trockenschleudern. Größere Blätter in mundgerechte Stücke zupfen. Die Bohnen in einem Sieb abspülen und abtropfen lassen.

2. Die Datteln der Länge nach aufschneiden, entkernen und in dünne Streifen schneiden. Die Avocados halbieren, die Steine herauslösen und die Hälften schälen. Die Avocados längs in Scheiben schneiden und sofort mit Zitronensaft beträufeln.

3. Olivenöl, Portwein, Pfeffer, etwas Zimt und Salz verquirlen. Die Marinade mit den Bohnen und den Datteln in einer Schüssel locker mischen.

4. Den Frisée auf 4 Teller verteilen. Die Avocadoscheiben als Fächer und die Bohnen-Dattel-Mischung als Häufchen auf dem Teller anrichten.

mal was anderes

* Für 4 Personen
* Zubereitungszeit: ca. 20 Min.
* ca. 260 kcal je Portion
* Paßt gut zu exotischen Gerichten

Zutaten

1 kleiner Kopf Friséesalat
1 kleine Dose Kidneybohnen (ca. 200 g)
100 g frische Datteln
2 reife Avocados
2 EL Zitronensaft
4 EL Olivenöl
4 EL Portwein
schwarzer Pfeffer
Zimtpulver
etwas Salz

Artischockenherzen auf Tomatenscheiben

Zutaten

500 g Tomaten
8 Artischockenherzen in Öl (Glas)
1 EL Pinienkerne
50 g Parmesan am Stück
schwarzer Pfeffer
etwas Salz

italienisch · leicht

- Für 4 Personen
- Zubereitungszeit: ca. 15 Min.
- ca. 150 kcal je Portion
- Paßt gut zu Gebratenem

1. Die Tomaten waschen, abtrocknen, putzen und in dünne Scheiben schneiden. Diese jeweils als Kranz auf 4 Tellern anordnen.

2. Die Artischockenherzen in einem Sieb etwas abtropfen lassen und in die Mitte der Teller legen.

3. Die Pinienkerne über den Salat streuen. Den Parmesan darüberreiben. Alles mit Pfeffer und Salz würzen.

Tips *vom Küchenteam*

- *Statt Pinienkernen können Sie auch Kürbis- oder Sonnenblumenkerne nehmen.*
- *Kräuterfans streuen noch einige Basilikum- oder Thymianblättchen über den Salat.*

Tomaten-Mozzarella-Teller

italienisch · frisch
- Für 4 Personen
- Zubereitungszeit: ca. 15 Min.
- ca. 340 kcal je Portion
- Paßt gut zu Gebratenem

1. Die Tomaten waschen, abtrocknen, putzen und in Scheiben schneiden. Den Mozzarella in ½ cm dicke Scheiben schneiden.

2. Tomaten- und Käsescheiben abwechselnd kreisförmig auf eine große, runde Platte legen.

3. Die Basilikumblätter waschen, trockentupfen und auf die Platte streuen.

4. Das Olivenöl über die Zutaten träufeln. Alles mit Pfeffer und Salz würzen.

Tip *vom Küchenteam*

- *Diese Beilage schmeckt nicht nur kalt. Sie können auch etwas davon in Pfännchen geben und im Raclette überbacken, bis der Käse geschmolzen ist.*

Zutaten

500 g Tomaten
250 g Mozzarella (2 Kugeln)
ca. 20 Basilikumblätter
6 EL Olivenöl
schwarzer Pfeffer
etwas Salz

Gekochter Reis

Grundrezept

Zutaten

½ l Wasser
2 TL Instant-Gemüsebrühe (Pulver)
200–225 g Naturreis

vielseitig abwandelbar

- Für 4 Portionen
- Zubereitungszeit: ca. 30 Min.
- ca. 200 kcal je Portion
- Paßt gut zu Gebratenem und zu überbackenem Gemüse

1. Das Wasser und die Instantbrühe zusammen in einem Topf zum Kochen bringen.

2. Den Reis unter Rühren in die Brühe geben. Alles aufkochen lassen, umrühren, den Topf schließen und den Herd auf kleinste Wärmestufe schalten.

3. Den Reis in etwa 25 Minuten zugedeckt ausquellen lassen. Ihn dann mit einer Gabel auflockern und in einer vorgewärmten Schüssel anrichten.
(auf dem Foto: links oben)

Variationen

Kräuterreis

1 bis 2 Eßlöffel feingehackte Kräuter (z. B. Petersilie oder eine Mischung aus Dill, Kerbel und Schnittlauch) unter den gegarten Reis mischen.
(auf dem Foto: rechts oben)

Gemüsereis

1. Den Reis nach dem Grundrezept zubereiten. Während er bei mittlerer Hitze ausquillt, das Gemüse vorbereiten.
2. 1 Zwiebel und 1 Knoblauchzehe schälen. Die Zwiebel in Würfel schneiden, die Knoblauchzehe durch die Presse drücken. 1 rote Paprikaschote putzen, waschen und in kleine Würfel schneiden. 100 g Maiskörner und 100 g Kidneybohnen aus der Dose in einem Sieb abtropfen lassen.

3. Die Zwiebelwürfel in einer Pfanne in 2 Eßlöffel Öl glasig dünsten. Knoblauch und Paprikawürfel hinzufügen und alles etwa 5 Minuten dünsten. Dann Maiskörner und Bohnen dazugeben.
4. Alles zusammen erhitzen, mit Salz und Pfeffer würzen und unter den gegarten Reis mischen.
(auf dem Foto: Mitte links)

Reis mit Erbsen und Schinken
100 g Tiefkühl-Erbsen nach etwa 15 Minuten Garzeit des Reises unter den Reis mischen und diesen fertiggaren. 50 g gekochten Schinken in Würfel schneiden und unter den fertigen Reis mischen. Mit Salz und Pfeffer würzen.
(auf dem Foto: Mitte rechts)

Safranreis
Reis nimmt Würzzutaten am besten auf, wenn sie gleich der Brühe beim Erhitzen zugegeben werden. Für Safranreis 1 Döschen Safranpulver (= 1 g Inhalt) verwenden.
(auf dem Foto: links unten)

Curryreis
1 bis 2 Teelöffel Currypulver in die aufkochende Brühe geben und den Reis darin nach dem Grundrezept zubereiten.
(auf dem Foto: rechts unten)

Tips *vom Küchenteam*

* *Damit der Reis lange warm bleibt, sollten Sie ihn in jedem Fall in eine vorgewärmte Schüssel füllen, die man mit einem Deckel verschließen kann.*
* *Ist der Reis schon zu stark abgekühlt, können Sie ihn in Raclettepfännchen geben und im Raclettegerät kurz wieder erhitzen.*
* *Der Reis läßt sich prima mit Käse im Raclettegerät (z.B. Gouda, Mozzarella und Raclettekäse) gratinieren.*

Orientalischer Reis

Zutaten

1 Grundrezept Reis (S. 82)
2 EL Öl
1 EL Mandelblättchen
1 EL grob gehackte Pistazien
1 EL Pinienkerne
1 EL Rosinen
1 EL fein gehackte Petersilie
½ TL Currypulver
½ TL Zimtpulver
Petersilienblättchen zum Garnieren

pikant · etwas Besonderes

- Für 4 Personen
- Zubereitungszeit: ca. 30 Min.
- ca. 340 kcal je Portion
- Paßt gut zu orientalischen Fleischspießen

1. Den Reis nach dem Grundrezept von S. 82 zubereiten. Während er ausquillt, das Öl in einer Pfanne erhitzen.

2. Die übrigen Zutaten (bis auf Curry- und Zimtpulver sowie Petersilie) hineingeben und unter leichtem Rühren etwa 5 Minuten dünsten. Dann Curry- und Zimtpulver dazugeben und alles mischen.

3. Den Pfanneninhalt unter den fertigen Reis mischen und diesen in einer vorgewärmten Schüssel anrichten. Mit den gewaschenen Petersilienblättchen garnieren.

Reis – Körner mit viel Inhalt

Reis ist eines der wichtigsten Grundnahrungsmittel dieser Welt, und dies nicht nur in den fernöstlichen Ländern. Von den mehreren hundert Reisarten die es gibt, sind heute bei uns immerhin fast 60 Sorten und Reismischungen erhältlich.
Wer nicht nur den köstlichen Geschmack des Reises genießen will, sondern auch etwas für seine Gesundheit tun möchte, dem empfehlen wir den Naturreis. Dieser ist nicht geschält und poliert, daher enthält er noch alle Vitamine und Mineralstoffe.
Für besonders festliche Anlässe verwendet man heute gerne Wildreis (der botanisch gesehen eigentlich kein Reis ist) oder eine Langkornreis-Wildreis-Mischung. Der aromatisch duftende Basmatireis paßt besonders gut zu allen asiatischen Spezialitäten.
Übrigens, Reisreste lassen sich ganz einfach mit anderen Zutaten (z. B. Wurst, Schinken, Pilzen, gegartem Gemüse und Käse) im Raclettegerät überbacken – ein Genuß!

Tip *vom Küchenteam*

• Als Beilage zu Geflügel und Fisch vom heißen Stein, schmeckt auch Curryreis mit Ananas sehr gut. Dafür Reis nach dem Grundrezept von Seite 82 zubereiten. Inzwischen 2 Scheiben Ananas aus der Dose in mundgerechte Stücke schneiden, in etwas Butter andünsten und mit Currypulver sowie Salz würzen. Unter den gegarten Reis mischen.
Zu einem eigenständigen Gericht für das Raclette wird der Curryreis, wenn Sie noch Muschelfleisch aus der Dose oder einige Shrimps hinzufügen und den Reis mit etwas Butterkäse oder Mozzarella im Raclettegerät überbacken.

Das Naturprodukt Reis – kleine Körner, aber große Bedeutung in der internationalen Küche.

Polentaschnitten

Zutaten
1 l Wasser
2 TL Instant-Gemüsebrühe
1 Msp. geriebene Muskatnuß
50 g Butter
250 g Polentagrieß (Maisgrieß)
getrockneter Thymian
schwarzer Pfeffer
100 g geriebener Parmesan
2 Eier
100 g Paniermehl
etwas Butter oder Öl zum Braten

italienisch · vegetarisch

- Für den heißen Stein und fürs Raclettegerät
- Für 4 Personen
- Vorbereitungszeit: ca. 1 Std.
- ca. 730 kcal je Portion
- Paßt gut zu Gebratenem und zu überbackenem Gemüse

1. Das Wasser in einem Topf zum Kochen bringen. Instantbrühe, Muskat und Butter hinzufügen.

2. Den Maisgrieß unter ständigem Rühren langsam in das Wasser einrieseln lassen und unter weiterem Rühren in etwa 10 Minuten zu einem dicken Brei kochen.

3. Den Maisbrei mit Pfeffer und etwas getrocknetem Thymian würzen. Den Käse sowie 1 Ei darunterrühren.

4. Den Brei etwa 2 cm dick auf eine glatte, kalt abgespülte Platte (z. B. auf ein Tablett oder ein Backblech) streichen und kalt werden lassen.

5. Dann die Polenta in kleine Quadrate, Rhomben oder breite Streifen (4 x 6 cm) schneiden.

6. Das zweite Ei verquirlen, die Polentaschnitten darin wenden und vorsichtig im Paniermehl wenden. Die Panade leicht andrücken. Die Schnitten auf einer Platte dekorativ anrichten.

Zubereitung am Tisch

7. Bei der Zubereitung im Raclette die Pfännchen mit etwas Butter ausfetten und jeweils eine Polentaschnitte hineinlegen. Im Raclettegerät etwa 4 Minuten braten. Dann wenden und nochmals etwa 4 Minuten braten.

8. Bei der Zubereitung auf dem heißen Stein etwas Öl auf den Stein geben und die Schnitten von jeder Seite etwa 4 Minuten backen, bis sie goldgelb sind.

Mais, das Getreide mit den knackig-gelben Körnern, ist der Ausgangspunkt für die Herstellung von Polentagrieß.

Tips *vom Küchenteam*

- *Statt Parmesan können Sie auch geriebenen Emmentaler nehmen.*
- *Der Thymian läßt sich durch 1 Eßlöffel gehackte Kräuter (z.B. Petersilie) ersetzen.*
- *Sie können die Polenta statt mit Brühe auch mit der gleichen Menge Milch zubereiten. Spülen Sie dann den Topf vor dem Kochen mit kaltem Wasser aus, damit der Brei nicht anbrennt.*

Tagliatelle mit Mascarpone

Zutaten

1 EL Salz
250 g Tagliatelle (grün und weiß)
1 TL Öl
4–6 EL Weißwein
250 g Mascarpone (ital. Frischkäse)
schwarzer Pfeffer
etwas Salz
etwas geriebene Muskatnuß

italienisch · schnell

- Für das Raclettegerät
- Für 4 Personen
- Vorbereitungszeit: ca. 20 Min.
- ca. 470 kcal je Portion
- Paßt gut zu Saltimbocca (S. 22)

1. Zunächst 2 l leicht gesalzenes Wasser zum Kochen bringen. Die Tagliatelle hineingeben und das Öl hinzufügen. Die Nudeln nach Packungsbeschreibung „al dente", d. h. noch leicht bißfest, kochen.

2. Die Nudeln in einem Durchschlag abtropfen lassen. In einer vorgewärmten, flachen Schüssel mit Deckel anrichten.

3. Den Weißwein mit dem Mascarpone in einer Kasserolle glattrühren. Die Creme mit Pfeffer, Salz und Muskat abschmecken, einmal aufkochen lassen und in einem Schälchen anrichten.

Zubereitung am Tisch

4. Die Tagliatelle in Pfännchen geben, mit etwas Sauce bedecken und im Raclette überbacken.

Tips *vom Küchenteam*

- *Statt Mascarpone, einem italienischen Frischkäse, können Sie auch Doppelrahmfrischkäse nehmen.*
- *Geben Sie noch einige gewürfelte Tomaten mit in die Pfännchen. Dann schmeckt die Beilage fruchtig-saftig.*

Pasta

Nicht nur Bandnudeln und Spaghetti sind bei klein und groß sehr beliebt. Auch andere Nudeln, oder wählen wir lieber ihre wie Musik klingenden Namen Rigatoni, Farfalle, Makkaroni und Fusilli, stehen hoch im Kurs. Und sie alle lassen sich ausgezeichnet im Raclette, mit etwas Käsecreme überbacken, als attraktive Beilage servieren.
Reichen Sie dazu eine fruchtige Tomatensauce, dann kann aus der Beilage sogar einmal ein Hauptgericht werden.

Zum Eintauchen und Genießen

Sie sind wahre Zauberkünstler, verwandeln sie doch ein einfaches, gebratenes Stück Fleisch, Fisch oder Gemüse im Handumdrehen in eine kulinarische Köstlichkeit.

Leider fällt beim Garen auf dem heißen Stein oder im Raclettegerät keine Sauce an, daher ist hier die Gastgeberin gefragt. Eine Zusammenstellung von 3 oder 4 Saucen und Dips genügt, um jedem Geschmack der Gäste gerecht zu werden. Und wenn es einmal ganz schnell gehen soll, dann können Sie natürlich auch einmal auf die fertigen Saucen aus dem Supermarkt zurückzugreifen. Mittlerweile gibt es eine Fülle attraktiver Kreationen, die nicht mehr nur nach „Einheitssauce" schmecken.

Die Rezepte auf den folgenden Seiten sind in der Regel so konzipiert, daß Sie die Saucen und Dips bereits 1 oder 2 Tage vor der Einladung zubereiten können. Im Kühlschrank zugedeckt aufbewahrt, halten sie sich problemlos frisch.

OLIO
OLIVA
BANFI

Zutaten

250 g Aprikosen
1 Zwiebel
1 EL Öl
etwas Salz
1 TL eingelegte grüne Pfefferkörner
100 g süße Sahne
2 EL Weinbrand

Aprikosen-Sahne-Sauce

fruchtig · pikant

- Für 4 Personen
- Zubereitungszeit: ca. 15 Min.
- ca. 190 kcal je Portion
- Paßt gut zu Geflügelspießen oder gegrillter Leber

1. Die Aprikosen waschen, halbieren und entsteinen. Die Hälften dann in kleine Stücke schneiden.

2. Die Zwiebel schälen, in Würfel schneiden und in einer Kasserolle im heißen Öl glasig dünsten. Die Aprikosen hinzufügen und etwa 5 Minuten mitdünsten.

3. Die Aprikosenmischung im Mixer oder mit dem Mixstab pürieren.

4. Die Sauce mit Salz, den Pfefferkörnern, Sahne und Weinbrand verrühren und noch einmal kurz aufkochen lassen. Dann in ein Schälchen füllen.

Tips *vom Küchenteam*

- *Die Sauce kann heiß und kalt gereicht werden. Sie eignet sich auch zum Überbacken von Geflügelleber im Raclette.*
- *Wenn es schnell gehen soll oder wenn gerade keine Aprikosenzeit ist, nehmen Sie 1 kleine Dose Aprikosen statt der frischen Früchte.*
- *Den Weinbrand können Sie durch Cognac ersetzen.*

Möhren-Nuß-Sauce

orientalisch · pikant

- Für 4 Personen
- Zubereitungszeit: ca. 35 Min.
- ca. 120 kcal je Portion
- Paßt gut zu Kartoffel- und Nudelgerichten

1. Die gemahlenen Haselnüsse ohne Fettzugabe in einer Pfanne rösten, bis sie leicht zu duften beginnen. Darauf achten, daß sie nicht zu dunkel werden (sie schmecken sonst bitter). Die Nüsse abkühlen lassen.

2. Inzwischen die Möhren schälen, putzen, waschen und in kleine Stücke schneiden. Die Gemüsebrühe aufkochen und die Möhren darin in etwa 15 Minuten zugedeckt weichkochen.

3. Die Möhren zusammen mit etwas Brühe im Mixer oder mit dem Mixstab pürieren. Die Haselnüsse darunterrühren und die Sauce einmal aufkochen lassen.

4. Die Sauce mit den Gewürzen und dem Zitronensaft abschmecken und heiß servieren.

Tip *vom Küchenteam*

- *Zum Warmhalten der Sauce eignet sich ein Kerzenstövchen.*

Zutaten

50 g gemahlene Haselnüsse
300 g Möhren
1/8 l Gemüsebrühe
1 Msp. Ingwerpulver
1 Msp. gemahlener Kreuzkümmel (Cumin)
schwarzer Pfeffer
etwas Salz
1 EL Zitronensaft

Auberginencreme

Zutaten

700 g Auberginen
etwas Salz
2 Knoblauchzehen
1 Zwiebel
4 EL Öl
200 g Crème fraîche
1 EL Sesamöl
Paprikapulver edelsüß
schwarzer Pfeffer
1 Msp. Chilipulver

orientalisch · scharf

- Für 4 Personen
- Zubereitungszeit: ca. 40 Min.
- ca. 370 kcal je Portion
- Paßt gut zu Fladenbrot und Gerichten vom heißen Stein

1. Die Auberginen waschen, mit dem Sparschäler schälen und in dicke Scheiben schneiden. Diese mit Salz bestreuen und etwa 15 Minuten stehen lassen. Dann die salzige Flüssigkeit (durch Salz werden die Bitterstoffe aus den Auberginen gelöst) mit Küchenpapier abtupfen.

2. Die Auberginen in kleine Würfel schneiden. Die Knoblauchzehen und die Zwiebel schälen. Den Knoblauch durch die Presse drücken, die Zwiebel in kleine Würfel schneiden.

3. Das Öl in einem Topf erhitzen. Die zerkleinerten Zutaten darin etwa 8 Minuten dünsten. Sie dann kurz abkühlen lassen.

4. Die Auberginenmischung im Mixer oder mit dem Mixstab pürieren. Mit der Crème fraîche und dem Sesamöl glattrühren.

5. Die Auberginencreme mit Paprika, Pfeffer, Salz und Chilipulver pikant abschmecken und in ein Schälchen füllen.

Tips *vom Küchenteam*

- *Die Crème fraîche können Sie durch Vollmilchjoghurt oder durch Schmand (saure Sahne mit 24 % Fett) ersetzen.*
- *Seien Sie vorsichtig beim Dosieren des Chilipulvers!*
- *Haben Sie wenig Zeit für lange Vorbereitungen? Dann probieren Sie doch einmal diese in etwa 10 Minuten zubereitete Variante: Nehmen Sie anstelle der Auberginen 1 Dose (ca. 400 g) weiße Bohnen und etwa 100 g Crème fraîche. Die Bohnen in einem Sieb abtropfen lassen und dann im Mixer pürieren. Die gewürfelte Zwiebel und den zerdrückten Knoblauch in wenig Öl andünsten und zusammen mit der Crème fraîche daruntermischen. Die Bohnencreme mit Paprikapulver, Pfeffer, Chilipulver, Salz und etwas Zitronensaft abschmecken.*

Sesamöl

Das sehr aromatische, leicht nussig schmeckende Öl verleiht vielen Spezialitäten das gewisse, geheimnisvolle „Etwas“.
Zur orientalischen Küche gehört es beispielsweise dazu, wie zur italienischen das Olivenöl. Sesamöl wird nicht zum Braten verwendet, sondern nur zum Abrunden des Geschmacks in kleinen Mengen dazugegeben.
Sie erhalten es in jedem Gewürzgeschäft oder in der Spezialitätenabteilung im Lebensmittelhandel. Meistens werden dort kleine Fläschchen angeboten – eine gute Sache, denn erstens ist Sesamöl recht teuer und zweitens benötigt man nicht viel davon.

In orientalischen Ländern findet man würzig und geheimnisvoll abgeschmeckte Gerichte mit Auberginen auf jeder Speisekarte.

Paprikasauce

Zutaten

500 g rote und gelbe Paprikaschoten
¼ l Gemüsebrühe
1 Knoblauchzehe
1 EL Öl
etwas Salz
Paprikapulver edelsüß
schwarzer Pfeffer
1 Msp. getrockneter Thymian
1 EL gehackte Petersilie

mild · geht schnell

- Für 4 Personen
- Zubereitungszeit: ca. 15 Min.
- ca. 80 kcal je Portion
- Paßt gut zu Fleisch und Fisch vom heißen Stein

1. Die Paprikaschoten halbieren, Stiele, Kerne und weiße Trennhäute herausschneiden. Die Paprikaschoten waschen und in Stücke schneiden.

2. Die Gemüsebrühe in einem Topf aufkochen lassen. Die Paprikastücke darin etwa 5 Minuten zugedeckt kochen. Dann die Stücke mit einer Schöpfkelle herausnehmen und abtropfen lassen. Die Haut von den Schoten vorsichtig abziehen.

3. Die Paprikastücke in den Mixer geben. Die geschälte Knoblauchzehe, Öl, Gewürze und Kräuter hinzufügen. Alles auf höchster Schaltstufe fein pürieren. Die Sauce abschmecken, in einem Schälchen anrichten und heiß servieren.

Tips *vom Küchenteam*

- *Damit die Sauce warm bleibt, verwenden Sie ein Schälchen mit Deckel, und stellen Sie dieses auf ein Kerzenstövchen.*
- *Zum Enthäuten können Sie die Paprikaschoten auch vor dem Garen halbieren und dann im Ofen bei 200 °C backen, bis die Haut schwarz wird und sich löst.*

Portwein-Pflaumen-Sauce

fruchtig · pikant

- Für 4 Personen
- Zubereitungszeit: ca. 25 Min.
- ca. 260 kcal je Portion
- Paßt gut zu Enten- und Wildgerichten

1. Die Backpflaumen in kleine Stücke schneiden, in eine Schüssel geben und mit dem Portwein übergießen. Die Pflaumen etwa 10 Minuten quellen lassen.

2. Die Zwiebeln schälen, in kleine Würfel schneiden und in einer Kasserolle im heißen Öl glasig dünsten.

3. Die Backpflaumen zusammen mit dem Portwein und dem Wasser hinzufügen. Alles zum Kochen bringen und bei geschlossenem Topf etwa 10 Minuten auf kleiner Wärmestufe garen.

4. Die Pflaumenmischung im Mixer oder mit dem Mixstab fein pürieren. Mit Salz, Paprika und Pfeffer würzig abschmekken. Die Sauce in ein Schälchen geben.

Tip *vom Küchenteam*

- *Wer möchte, kann die Sauce noch mit etwas Zimtpulver und süßer Sahne verfeinern.*

Zutaten

200 g weiche Backpflaumen ohne Stein
⅛ l Portwein
2 Zwiebeln
3 EL Öl
⅛ l Wasser
etwas Salz
Paprikapulver edelsüß
schwarzer Pfeffer

Avocadodip

Zutaten
2 reife Avocados
Saft von 1 Zitrone
2–3 EL Weißwein
100 g Tomaten
1 EL Pistazienkerne
schwarzer Pfeffer
Paprikapulver rosenscharf
etwas Salz

cremig · mexikanisch
* Für 4 Personen
* Zubereitungszeit: ca. 10 Min.
* ca. 300 kcal je Portion
* Paßt gut zu Brot, Tacos und vegetarischen Gerichten

1. Die Avocados halbieren und die Steine herauslösen. Das Fruchtfleisch mit einem Eßlöffel aus den Schalen lösen und in einer Schüssel mit einer Gabel zu Mus zerdrücken. Sie können es aber auch im Mixer pürieren.

2. Den Zitronensaft und den Weißwein sofort unter die Avocadocreme rühren, damit diese nicht braun wird.

3. Die Tomaten über Kreuz einritzen, kurz in kochendes Wasser halten, abschrecken und enthäuten. Die Tomaten vierteln, entkernen und pürieren oder sehr fein hacken. Die Pistazien ebenfalls fein hacken.

4. Tomaten und Pistazien unter die Avocadocreme mischen. Sie mit Pfeffer, Paprika und Salz würzig abschmecken und in ein Schälchen füllen.

Tip *vom Küchenteam*

* *Avocados sind reif, wenn sie auf Fingerdruck leicht nachgeben. Sollen sie nachreifen, legt man sie, in Zeitungspapier gewickelt, an einen warmen Ort.*

Bananen-Curry-Dip

exotisch · schnell
- Für 4 Personen
- Zubereitungszeit: ca. 10 Min.
- ca. 220 kcal je Portion
- Paßt gut zu Lachskoteletts (S. 44) oder Garnelen vom heißen Stein (S. 40)

1. Die Bananen schälen, in Stücke schneiden und mit dem Orangensaft beträufeln.

2. Die Bananenstücke mit der Gabel zu Mus zerdrücken oder im Mixer pürieren. Die Gewürze und die Mayonnaise darunterrühren und den Dip in ein Schälchen füllen.

Tip *vom Küchenteam*

* *Wenn Sie Koriandergrün bekommen (Kräutertöpfe gibt es manchmal in den Spezialitätenabteilungen von Kaufhäusern oder beim Gemüsehändler), mischen Sie einige feingehackte Blättchen unter den Dip.*

Zutaten

2 große Bananen (ca. 350 g)
4 EL Orangensaft
2–3 TL Currypulver
½ TL Salz
1 Msp. Zimtpulver
100 g fettarme Mayonnaise

Zutaten

500 g Tomaten
1 Zwiebel
1 Knoblauchzehe
10 grüne Oliven mit Paprikafüllung
3 EL Öl
1 Msp. getrockneter Oregano
1 Msp. getrockneter Thymian
1 Msp. getrockneter Rosmarin
1–2 Msp. Chilipulver
schwarzer Pfeffer
1 TL Instant-Gemüsebrühe (Pulver)
evtl. 1 TL Speisestärke

Tomatensauce mit Oliven

italienisch · fruchtig

- Für 4 Personen
- Zubereitungszeit: ca. 30 Min.
- ca. 170 kcal je Portion
- Paßt gut zu Gemüsegerichten

1. Die Tomaten über Kreuz einritzen, kurz mit kochendem Wasser überbrühen, abschrecken und enthäuten. Die Tomaten vierteln, entkernen und in Stücke schneiden.

2. Die Zwiebel und die Knoblauchzehe schälen. Die Zwiebel in Würfel schneiden, die Knoblauchzehe durch die Presse drücken. Die Oliven fein hacken.

3. Das Öl in einem Topf erhitzen. Die Zwiebelwürfel darin kurz andünsten. Tomaten, Knoblauch und Oliven hinzufügen. Alles etwa 10 Minuten offen kochen lassen, dann mit dem Schneebesen glattrühren.

4. Die Kräuter und die Gewürze darunterrühren und die Sauce noch einige Minuten offen durchköcheln lassen.

5. Die Sauce nochmals abschmecken. Falls eine sehr sämige Sauce gewünscht wird, die mit etwas Wasser angerührte Speisestärke darunterrühren und die Sauce kurz durchkochen lassen.

Zutaten
250 g Tofu
1 Bund Dill
1 Bund Schnittlauch
½ Bund Petersilie
1 Zwiebel
1 Knoblauchzehe
4 EL Soja- oder Distelöl
1–2 TL Sojasauce
Paprikapulver edelsüß
schwarzer Pfeffer
etwas Salz
1–2 EL Zitronensaft

Tofu-Kräuter-Creme

leicht · mild

- Für 4 Personen
- Zubereitungszeit: ca. 15 Min.
- ca. 200 kcal je Portion
- Paßt gut zu Brot und Kartoffelgerichten

1. Den Tofu in eine Schüssel geben und mit einer Gabel musig zerdrücken.

2. Die Kräuter kalt abspülen, trockenschütteln und fein hacken. Zum Tofu geben.

3. Die Zwiebel schälen und in kleine Würfel schneiden. Die Knoblauchzehe schälen und durch die Presse drücken. Beides zusammen mit Öl und Sojasauce zum Tofu geben und alles zu einer glatten Creme verrühren.

4. Die Creme mit Paprika, Pfeffer, Salz und Zitronensaft abschmecken. In ein Schälchen füllen.

Tips *vom Küchenteam*

- *Sie können die Creme auch im Mixer oder mit dem Mixstab zubereiten.*
- *Nach Wunsch können Sie die Creme auch schärfer zubereiten, z.B. durch Zugabe von Chili- oder Currypulver.*

Getränke – die charmanten Begleiter

Erst mit einem guten Getränk kombiniert, wird ein raffiniertes Gericht zu einem abgerundeten Gästemahl. Ob es nun Wein, Bier, Mineralwasser, Obstsaft oder Tee sein soll, das überlassen wir Ihnen und Ihrem Geschmack. In jedem Fall sollten Sie aber sowohl Alkoholfreies (für Autofahrer und Kinder) als auch Alkoholisches bereitstellen.

Wenn Sie Spezialitäten aus einem bestimmten Land servieren, dann bietet es sich natürlich auch an, das landestypische Getränk (meist ist es ein passender Wein) dazu zu servieren – beispielsweise einen Chablis zu einem französischem Gericht, einen Lambrusco zu italienischen Köstlichkeiten und grünen Tee zu asiatischen Spezialitäten.

Bei vielen Rezepten dieses Buches finden Sie außerdem einen Hinweis auf ein besonders gut passenden Getränk – probieren Sie es einmal aus.

Übrigens, wie wär's denn einmal mit einem erfrischenden Begrüßungsdrink, bevor die Schlemmerei am Tisch beginnt? Ein fruchtiger Cocktail, ein kühler Sekt oder ein guter Sherry sind dafür genau das richtige.

1990
BARBI
BRUNELLO
di MONTALCINO
F. COLOMBINI CINELLI
FATTORIA dei BARBI
CÔTES DE PROVENCE
Appellation Côtes de Provence Contrôlée
DOMAINE
SAINT JEAN BAPTISTE
1995
Mis en bouteille au Domaine
MOULIN
SAINT-HUBERT
BORDEAUX HAUT-BENAUGE
1992
NERELLO
SICILIANO
Vino da tavola
1990
RESERVA
Muga
RIOJA

Apfel-Zwiebel-Chutney

Zutaten
800 g säuerliche Äpfel (z. B. Cox orange oder Berlepsch)
800 g Zwiebeln
⅛ l Wasser
2 EL Currypulver
1–2 TL schwarzer Pfeffer
1 TL Salz
1 TL Zucker
1 TL Rosenpaprikapulver
100 g Mandelblättchen
100 g Rosinen

auf Vorrat kochen · exotisch

* Für 12 Portionen
* Zubereitungszeit: ca. 1 Std.
* ca. 140 kcal je Portion
* Paßt gut zu Geflügel vom heißen Stein

1. Die Äpfel schälen, vierteln und die Kerngehäuse herausschneiden. Die Viertel in kleine Stücke schneiden. Die Zwiebeln schälen und in Würfel schneiden.

2. Die Apfel- und Zwiebelstücke zusammen mit dem Wasser und den Gewürzen in einem Topf zum Kochen bringen. Dann auf die kleinste Wärmestufe schalten und alles etwa 20 Minuten zugedeckt dünsten. Zwischendurch einige Male umrühren, damit nichts anbrennt.

3. Die Mandelblättchen und die Rosinen unter das Chutney mischen und es weitere 10 Minuten bei kleiner Wärmestufe köcheln lassen.

4. Das kochendheiße Chutney in saubere, heiß ausgespülte Gläser mit Twist-off-Verschluß füllen. Diese schließen und das Chutney abkühlen lassen.

Tips *vom Küchenteam*

* *Im Kühlschrank ist das eingekochte Chutney mehrere Wochen haltbar.*
* *Wenn sich beim Kochen zuviel Flüssigkeit bildet (je nach Apfelsorte kann das mehr oder weniger sein), diese abschöpfen oder das Chutney etwas länger köcheln lassen, bis die Flüssigkeit verdampft ist.*

Üppig blühende Apfelbäume verzaubern nicht nur die Frühlingslandschaft, sondern versprechen auch reiche Ernte im Herbst.

Äpfel

Während des ganzen Jahres hat der Handel eine große Zahl unterschiedlicher Sorten im Angebot. Inzwischen sind es etwa 40 verschiedene, die sich in Geschmack, Süße und Saftigkeit sehr unterscheiden.

Saftig und knackig und meist nur zum baldigen Verzehr oder zum Kochen und Backen geeignet, sind die Äpfel des Spätsommers. Bekannte Sorten sind Alkmene und Gravensteiner, James Grieve, Berlepsch, Jonathan und Goldparmäne. Zum Einlagern für die Herbst- und Wintermonate eignen sich die späten Apfelsorten, wie z. B. Boskop und Cox Orange, Ontario, Elstar und Gala.

Vierfruchtchutney

Zutaten

500 g Birnen
500 g Zwiebeln
750 g Pflaumen
500 g Tomaten
1–2 TL Salz
2 TL schwarzer Pfeffer
2 EL Rosen-paprikapulver
1 EL Currypulver
Saft von 1 Zitrone
1–2 TL Zucker
1 Lorbeerblatt

pikant · fruchtig

- Für 20 Portionen
- Zubereitungszeit: ca. 1 Std.
- ca. 50 kcal je Portion
- Paßt gut zu Fleisch, Fisch und Garnelen vom heißen Stein

1. Die Birnen schälen, vierteln und die Kerngehäuse herausschneiden. Die Birnen würfeln. Die Zwiebeln schälen und in kleine Stücke schneiden. Die Pflaumen waschen, entsteinen und grob würfeln. Die Tomaten über Kreuz einschneiden, kurz überbrühen, abschrecken und enthäuten. Die Tomaten vierteln, entkernen und grob würfeln.

2. Einen Topf kalt ausspülen. Zunächst die Tomaten, dann die übrigen Früchte und die Gewürze hineingeben. Zitronensaft, Zucker und Lorbeerblatt ebenfalls hinzufügen.

3. Den Topf mit einem Deckel verschließen und alles langsam bei mittlerer Wärmestufe zum Kochen bringen. Danach auf kleinste Wärmestufe zurückschalten und das Chutney etwa 30 Minuten zugedeckt leicht köcheln lassen. Zwischendurch mehrmals umrühren, um ein Anbrennen zu verhindern. Eventuell einen Teil der sich bildenden Flüssigkeit abschöpfen und später wieder darunterrühren.

4. Das fertige Chutney in saubere, heiß ausgespülte Gläser mit Twist-off-Verschluß füllen. Diese verschließen. Das Chutney nach dem Abkühlen kalt stellen.

Tips *vom Küchenteam*

- *Die Haltbarkeit von Chutneys ist begrenzt. Nach Anbrechen der Gläser, diese im Kühlschrank aufbewahren und das Chutney innerhalb von 3 oder 4 Tagen verbrauchen.*
- *Als pikante Beilage eignet sich auch Zwetschgen-Zimt-Chutney sehr gut. Dafür 1 kg gewaschene Zwetschgen entsteinen und in Stücke schneiden. 250 g Zwiebeln schälen und würfeln. Beides in einen Topf geben. 2 Teelöffel Zimtpulver, 6 Gewürznelken, 100 g Zucker und den ausgepreßten Saft sowie die abgeriebene Schale einer unbehandelten Zitrone hinzufügen. Alles langsam zum Kochen bringen. Dann auf kleinster Wärmestufe (oder im Backofen bei 150 °C) zu einem dicken Chutney kochen. Zwischendurch mehrmals umrühren und eventuell etwas Wasser hinzufügen.*

Pflaumen

Wer die Unterschiede zwischen Pflaumen und Zwetschgen nicht kennt (auch manche Fachleute sind sich da nicht einig), der findet hier ein paar Unterscheidungsmerkmale: Pflaumen sind etwas größer als Zwetschgen. Die Form von Pflaumen ist rundlich, die von Zwetschgen mehr eiförmig mit spitz zulaufenden Enden. Das Fruchtfleisch von beiden ist gelb oder gelborange. Es löst sich bei Pflaumen meist schwer vom rundlichen Kern, bei Zwetschgen recht leicht vom flachen Kern. Zwetschgen haben immer eine dunkelblaue Farbe. Bei Pflaumen gibt es außer den blauen Hauspflaumen auch Sorten mit gelber und gelbroter Schale.

Kräuterbutter

Zutaten

jeweils einige Zweige Petersilie, Dill, Kerbel und Schnittlauch
125 g weiche Butter
1 Msp. Salz
1 Msp. schwarzer Pfeffer
1 TL Zitronensaft

würzig · schnell

- Für 4 Personen
- Zubereitungszeit: ca. 10 Min.
- ca. 250 kcal je Portion
- Paßt gut zu gebratenem Fleisch und Fisch sowie zu Baguette

1. Die Kräuter waschen, gut trockenschütteln und fein hacken (es werden etwa 2 Eßlöffel Kräuter benötigt).

2. Die Butter in eine Schüssel geben. Kräuter, Salz, Pfeffer und Zitronensaft hinzufügen und alles glattrühren. Die Butter in ein Schälchen geben.
(auf dem Foto: links)

Variationen

Knoblauchbutter

Unter die fertiggestellte Kräuterbutter noch 2 zerdrückte Knoblauchzehen mischen. Paßt zu Fleisch und Fisch vom heißen Stein sowie zu Baguette und Pellkartoffeln.
(auf dem Foto: 2. von links)

Pfefferbällchen

125 g weiche Butter glattrühren. 1 Messerspitze Salz und 1 geschälte, zerdrückte Knoblauchzehe daruntermischen. Mit nassen Händen aus der Butter 10 bis 12 Kugeln formen und diese rundherum in grob gemahlenem Pfeffer wälzen. Auf einem Teller anrichten. Paßt zu Steaks und Fleischspießen.
(auf dem Foto: 2. von rechts)

Pistazienbutter

2 Eßlöffel Pistazienkerne sehr fein hacken. Mit je 1 Messerspitze Pfeffer, Currypulver und Salz sowie 125 g Butter glattrühren. Paßt zu Baguette, Pellkartoffeln, Fisch und Fleisch.
(auf dem Foto: rechts)

Trüffelbutter

Wollen Sie Ihre Tischgäste mit besonders exquisiten Speisen verwöhnen, dann ist Trüffelbutter die richtige Empfehlung. Trüffel sind Pilze, die von allen Feinschmeckern sehr geschätzt werden. Man sagt ihnen nach, den Speisen einen besonderen Geschmack und Duft zu verleihen. Leider sind Trüffel sehr teuer, aber es lohnt sich, sie einmal für ein Gästeessen auszuprobieren.
Für Trüffelbutter wird 1 kleiner Trüffel (frisch oder aus der Dose) in sehr feine Würfel gehackt und dann mit 125 g weicher Butter, etwas Pfeffer, Salz und einigen Tropfen Cognac glattgerührt.

Butter

In der Küche ist für die meisten dann die Welt in Ordnung, wenn die Speisen mit einem kleinen Stück Butter abgerundet werden. Bei Speisen vom heißen Stein darf Butter natürlich auch nicht fehlen – ob „naturell“ oder gewürzt bzw. geschmacklich verfeinert eingesetzt. In der Regel läßt man die Butter auf dem fertig gebratenen Fleisch, Fisch oder Gemüse zerlaufen. Das Aroma verbindet sich dann mit dem heißen Gargut und sorgt für eine interessante Geschmacksnote.
Butter und Buttermischungen werden in den unterschiedlichsten Formen serviert: einfach im Stück auf einem Teller oder in einer Schüssel angerichtet, in Scheiben geschnitten oder zu Kugeln geformt, als ausgestochene oder kunstvoll modellierte Formen, und, und, und.
Wie die Butter bei Ihnen auf den Tisch kommt, bleibt Ihrem Zeitbudget und Ihrer Kreativität überlassen. Einige nützliche Tips sollten Sie jedoch immer beachten:
Zum Formen muß die Butter eine geschmeidige, aber nicht zu weiche Konsistenz haben. Zum Schneiden hingegen verwendet man sie in fester, harter Form. Geformte Butter muß bis zum Servieren gut gekühlt werden, sonst verliert sie die Form. Am besten legt man sie zusammen mit einigen Eiswürfeln in kaltes Wasser und stellt sie in den Kühlschrank. Oder man spritzt z. B. Rosetten auf Alufolie und legt diese ins Tiefkühlfach.

Apfel-Zwiebel-Aufstrich

Zutaten
1 Apfel
2 Zwiebeln
2–3 Petersilienzweige
250 g weiche Margarine
2 EL Sonnenblumenkerne
schwarzer Pfeffer
etwas Salz
Currypulver

würzig · pikant
- Für 10 Portionen
- Zubereitungszeit: ca. 15 Min.
- ca. 210 kcal je Portion
- Paßt zu Baguette und Vollkornbrot

1. Den Apfel schälen, vierteln und das Kerngehäuse herausschneiden. Die Zwiebeln schälen. Die Apfelstücke und Zwiebeln in sehr kleine Würfel schneiden. Die Petersilie waschen, trockenschütteln und fein hacken.

2. Nun 1 Eßlöffel der Margarine in einer Kasserolle zerlaufen lassen. Darin die zerkleinerten Zutaten 5 bis 8 Minuten bei mittlerer Hitze dünsten. In eine Schüssel geben und etwas abkühlen lassen.

3. Die Sonnenblumenkerne in der Kasserolle leicht goldgelb werden lassen. Mit in die Schüssel geben.

4. Die restliche Margarine, etwas Pfeffer, Salz und nach Geschmack Currypulver hinzufügen. Alles zu einem Aufstrich verrühren. Diesen in ein Schüsselchen füllen.

Tips *vom Küchenteam*

- *Dieser Aufstrich schmeckt auch als Brotaufstrich für jeden Tag.*
- *Wer reine Pflanzenmargarine verwendet, die reich an ungesättigten Fettsäuren ist, tut gleichzeitig der Gesundheit (der eigenen und der Gäste) etwas Gutes.*

Curry-Sesam-Aufstrich

würzig · scharf
- Für 10 Portionen
- Zubereitungszeit: ca. 10 Min.
- ca. 180 kcal je Portion
- Paßt gut zu würzigem Brot

1. Sesamsamen, Currypulver, Salz und 1 Eßlöffel Margarine in einer Kasserolle einige Minuten durchschwitzen.

2. Die Mischung etwas abkühlen lassen, dann in einer Schüssel mit der Margarine glattrühren.

Tip *vom Küchenteam*

Wer möchte, formt aus der Masse eine Rolle. Dazu ein Stück dicke Alufolie flach auslegen. Aus der Masse eine wurstähnliche Rolle formen, auf die Folie legen und sie fest zusammenrollen (wie ein Bonbon). Die Rolle kalt stellen. Vor dem Servieren die Butter aus der Folie nehmen und mit einem Buntmesser in Scheiben schneiden. Auf einem Teller anrichten und mit Kräuterblättchen garnieren.

Zutaten

3 EL Sesamsamen (geschält)
1–2 TL scharfes Currypulver
½ TL Salz
200 g weiche Margarine

Der krönende Abschluß

Wird nach der Schlemmerei rund um Raclette und heißen Stein noch eine kleine kulinarische Überraschung gebraucht? Sicherlich, denn was wäre ein Gästeessen ohne krönenden Abschluß – das Dessert?

Die Rezepte auf den folgenden Seiten sind alle leicht und erfrischend – genau das richtige nach den deftigen Köstlichkeiten.

Einige Desserts lassen sich im Raclettegerät oder auf dem heißen Stein zubereitet. Beachten Sie dann aber, daß die Pfännchen und die Steinplatte frei von pikanten Gerüchen sein müssen, damit der frische Dessertgenuß ungetrübt ist.

Für ganz eilige Gastgeber empfehlen wir hier auch einfach einmal einen kleinen Eisbecher mit etwas Fruchtsauce oder einen gemischten Obstkorb. Und wer dann noch etwas zum Verdauen benötigt, für den gibt es als Abschluß einen Espresso oder einen Kaffee.

Aprikosen unter der Haube

Zutaten

500 g Aprikosen
100 ml Orangensaft
250 g Mascarpone (ital. Frischkäse)
2 EL Cointreau (Orangenlikör)
1 Päckchen Vanillezucker
50 g Mandelblättchen

sehr fein · aromatisch

* Für das Raclettegerät
* Für 4 Personen
* Vorbereitungszeit: ca. 20 Min.
* 390 kcal je Portion

1. Die Aprikosen waschen, halbieren und entsteinen. Die Aprikosenhälften mit etwas Orangensaft beträufeln und portionsweise in Schälchen legen.

2. Den Mascarpone in einer Schüssel mit dem Cointreau, Vanillezucker und restlichem Orangensaft glattrühren. Die Mandelblättchen in ein Schälchen geben.

Zubereitung am Tisch

3. Das Raclettegerät vorheizen. Dann 1 oder 2 Aprikosenhälften in ein Pfännchen geben. Etwas von der Mascarponecreme darauf geben und das ganze mit den Mandelblättchen bestreuen. Die Aprikosen im Raclettegerät überbacken, bis die Mascarponecreme eine schöne Bräunung zeigt.

Tips *vom Küchenteam*

* *Mit der Mascarponecreme lassen sich auch andere Früchte gratinieren, zum Beispiel Pfirsiche, Erdbeeren, Nektarinen, Waldbeeren und Bananen.*
* *Wenn Kinder mitessen, tauschen Sie den Cointreau durch Orangensaft aus.*

Erdbeeren mit Ricottahaube

fruchtig · italienisch

* Für das Raclettegerät
* Für 4 Personen
* Vorbereitungszeit: ca. 15 Min.
* ca. 360 kcal je Portion

1. Die Erdbeeren waschen, abtropfen lassen und die Stielchen abzupfen. Die Beeren in Scheiben schneiden und mit Amaretto sowie Zitronensaft beträufeln. Das Obst in einer Schüssel anrichten.

2. Die Sahne steifschlagen. Den Ricotta mit Speisestärke, Vanillezucker und Zucker in einer Schüssel verrühren. Die Sahne vorsichtig darunterheben.

Zubereitung am Tisch

3. Das Raclettegerät vorheizen. Einige Erdbeerscheiben in ein Pfännchen geben und etwa 2 Eßlöffel von der Ricottacreme darauf setzen. Die Beeren im Raclettegerät gratinieren, bis die Ricottahaube goldgelb gebräunt ist.

Tips *vom Küchenteam*

* *Dieses Dessert paßt besonders gut zu italienischen Gerichten, zum Beispiel zu Saltimbocca (S. 22).*
* *Den Ricotta können Sie durch trockenen Speisequark ersetzen.*

Zutaten

400 g Erdbeeren
2 EL Amaretto (Mandellikör)
1 EL Zitronensaft
125 g süße Sahne
200 g cremiger, weicher Ricotta (ital. Frischkäse)
1 TL Speisestärke
1 Päckchen Vanillezucker
2 EL Zucker

Bananen in Kokoshülle

Zutaten

4 Bananen
à ca. 150 g
⅛ l Orangensaft
4 EL Honig
2 EL Cointreau
60 g Kokosraspel

schnell · exotisch

- Für das Raclettegerät
- Für 4 Personen
- Vorbereitungszeit: ca. 10 Min.
- ca. 300 kcal je Portion

1. Die Bananen schälen und längs durchschneiden. Die Hälften in drei gleich große Stücke schneiden, mit 2 Eßlöffeln Orangensaft beträufeln.

2. Den Honig zusammen mit 2 Eßlöffeln Orangensaft in einer Kasserolle unter Rühren erwärmen. Die Bananenstücke mit etwas Honigsauce bestreichen und in den Kokosrapseln wenden. Auf einer Platte anrichten.

3. Die restliche Honigsauce mit dem übriggebliebenen Orangensaft und dem Cointreau verrühren und in ein Schüsselchen geben.

Zubereitung am Tisch
4. Das Raclettegerät vorheizen. Etwa 2 Bananenstücke in ein Pfännchen legen und im Raclette einige Minuten backen. Die Bananenstücke in dieser Zeit einmal wenden. Das Dessert auf Teller geben und die Honigsauce angießen.

Tips *vom Küchenteam*

- *Bereiten Sie die Bananen erst unmittelbar vor dem Essen zu, damit sie sich nicht bräunlich verfärben.*
- *Statt Cointreau können Sie auch weißen Rum nehmen.*
- *Die gebratenen Bananen lassen sich auch auf dem heißen Stein zubereiten. Dafür etwas Butter auf der Steinplatte zerlaufen lassen und die Bananenstücke darauf von beiden Seiten goldgelb braten.*
- *Wer Zeit und Lust hat, verwendet statt der fertigen Kokosraspeln frische Kokosnuß, denn sie schmeckt besonders aromatisch. Wie Sie Kokosraspel herstellen, erfahren Sie auf Seite 59. 125 g frische Raspeln entsprechen etwa 60 g getrockneten.*

Kokosnüsse

Die Kokospalme ist für viele Völker ein Baum mit großem Nutzen. Sie liefert alles für den täglichen Gebrauch. Die Nahrung in Form der Kokosnüsse, die Palmenblätter zum Decken der Hütten und Herstellen von Körben und Matten, die Fasern zum Knüpfen von Seilen, die Nußschalen zur Fertigung von Gegenständen und Schmuck und das Holz für den Hausbau. Und für trübe Tage den „Toddy", den zu Palmwein vergorenen Saft der angezapften Bäume.
Wir kennen die Kokospalme meist nur als Lieferant von Kokosnüssen, die dann zu Kokosflocken, Kokosfett und Kokoscreme verarbeitet werden.

So ist die karibische Küche: leicht, unkompliziert und aromatisch – passend zum Flair der phantastischen Inselwelt.

Pfirsich-Beeren-Salat

Zutaten
250 g rote Johannisbeeren
3 Pfirsiche
Saft von 1 Zitrone
1 große Kiwi
1–2 EL Zucker

sommerlich · erfrischend
- Für 4 Personen
- Zubereitungszeit: ca. 15 Min. (plus ca. ½ Std. Zeit zum Durchziehen)
- ca. 110 kcal je Portion
- Dazu paßt Vanilleeis

1. Die Johannisbeeren waschen und in einem Sieb abtropfen lassen. Die Beeren von den Stielchen zupfen und in eine Schüssel geben.

2. Die Pfirsiche schälen, halbieren, entsteinen und in kleine Würfel schneiden. Zu den Johannisbeeren geben und mit dem Zitronensaft beträufeln.

3. Die Kiwi schälen, vierteln und quer in Scheiben schneiden. Zu den anderen Früchten geben.

4. Den Zucker auf den Salat streuen, alles locker mischen und vor dem Servieren etwa ½ Stunde durchziehen lassen.

Tips *vom Küchenteam*

- *Statt der Johannisbeeren können Sie auch Himbeeren nehmen.*
- *Wer möchte, mischt noch 1 Teelöffel Pfirsichlikör unter den Salat.*
- *Sie können den Salat im Raclettegerät gratinieren, z.B. mit der Mascarponecreme von S. 114.*

Ananasringe mit Kiwisauce

schnell · fruchtig

- Für den heißen Stein
- Für 4 Personen
- Vorbereitungszeit: ca. 10 Min.
- ca. 150 kcal je Portion
- Dazu paßt Vanilleeis

1. Von den Ananasscheiben die harte Schale abschneiden und die Mittelstrünke ausstechen. Die Butter in einer Kasserolle schmelzen lassen und die Ananasringe damit beträufeln. Auf einer Platte anrichten.

2. Die Kiwis schälen, in Stücke schneiden und im Mixer oder mit dem Mixstab fein pürieren. Den Vanillezucker und den Zitronensaft darunterrühren. In ein Schälchen füllen.

Zubereitung am Tisch

3. Den heißen Stein erhitzen. Die Ananasscheiben darauf von beiden Seiten goldbraun braten. Sie dann auf die Teller legen und die Kiwisauce angießen.

Tips *vom Küchenteam*

- *Wenn es ganz schnell gehen soll, können Sie auch Ananasringe aus der Dose nehmen.*
- *Die Ananasringe lassen sich auch im Raclettegerät zubereiten. Vierteln Sie sie dafür, damit sie gut in die Pfännchen passen.*
- *Probieren Sie auch einmal gebratene Apfelringe. Dafür 2 große Äpfel schälen und die Kerngehäuse mit einem Apfelausstecher ausstechen. Die Äpfel in 1 cm dicke Scheiben schneiden und mit Zitronen- oder Orangensaft bestreichen. Sie dann mit etwas flüssiger Butter übergießen und auf einer Platte anrichten. Statt der Kiwisauce können Sie zu den Apfelringen auch Zimtzucker servieren.*

Zutaten

8 frische Ananasscheiben
2 EL Butter
3 mittelgroße Kiwis
2 Päckchen Vanillezucker
Saft von 1 Zitrone

Exotischer Fruchtsalat

Zutaten

1 reife Mango
2 Kiwis
1 Orange
1 Sternfrucht (Karambole)
2 Feigen
200 g Honigmelone
einige Himbeeren oder Johannisbeeren
Saft von 1 Zitrone
3 EL Rum
2 EL flüssiger Honig

erfrischend · leicht

- Für 4 Personen
- Zubereitungszeit: ca. 20 Min.
- ca. 210 kcal je Portion

1. Die Mango waagerecht halbieren und die Hälften schälen. Das Fruchtfleisch vom Stein abschneiden und in dünne Spalten schneiden.

2. Die Kiwis und die Orange schälen. Die Sternfrucht waschen und trockentupfen. Die Früchte etwa in ½ cm dicke Scheiben schneiden.

3. Die Feigen waschen, trockentupfen und vierteln. Nun die Melone schälen, entkernen und das Fruchtfleisch in mundgerechte Würfel schneiden. (Sie können auch aus dem Fruchtfleisch Kugeln auslösen.) Die Beeren waschen und trockentupfen.

4. Die Früchte in einer Schale oder auf einer Platte dekorativ anordnen.

5. Zitronensaft, Rum und Honig zu einer Marinade verrühren. Diese über die Früchte träufeln.

Tips *vom Küchenteam*

- *Wer möchte, streut noch 2 Eßlöffel gehackte Walnußkerne, Mandelblättchen oder gehackte Haselnüsse auf den Salat.*
- *Für festliche Anlässe können Sie den Fruchtsalat folgendermaßen anrichten: Aus 1 kleinen Wassermelone 4 Spalten herausschneiden und die Kerne herauskratzen. Diese mit etwas Portwein beträufeln und etwa 20 Minuten ins Tiefkühlfach legen. Dann jeweils 1 Melonenscheibe auf einen flachen Dessertteller legen und den Fruchtsalat darauf anrichten. Mit Zitronenmelisse garnieren.*
- *Der Fruchtsalat läßt sich auch gut im Raclettegerät gratinieren, zum Beispiel mit der Ricottacreme von S. 115.*

Mangos

Der Mangobaum mit seinen Früchten soll ein Geschenk der Götter sein. So jedenfalls wurde es in den alten Schriften des Sanskrit vor mehr als 4000 Jahren berichtet. Und da die Heimat des Mangobaumes in den Regionen am Fuße des Himalayagebirges liegt, dem Sitz der alten Göttinnen und Götter, war für die Menschen sicher, daß die Früchte des Baumes sie vor Hunger und Krankheit bewahren können. Auch heute noch ernähren sich in Indien und anderen Ländern, in denen Mangobäume wachsen, ganze Bevölkerungsgruppen von den Früchten.
Weltweit gibt es viele hundert unterschiedliche Mangosorten, jedoch sind nur wenige davon auch für den Export geeignet. Die bei uns angebotenen Mangos kommen in der Regel aus Indien und Ceylon, Südafrika, Kenia, Mozambique, Südamerika und Florida. Die Früchte, meist birnen- oder nierenförmig aussehend, haben eine feste, glatte Haut, und die Farbe der Schale variiert zwischen gelbgrün, gelbrot und grünrot.

Himbeersorbet

Zutaten

300 g tiefgefrorene Himbeeren
200 ml gezuckerte Kondensmilch (gut gekühlt)
2 EL Himbeergeist
2 EL Zitronensaft
4 Zweige Zitronenmelisse
4 Himbeeren zum Garnieren

schnell · erfrischend

- Für 4 Personen
- Zubereitungszeit: ca. 10 Min. (plus ca. 15 Min. zum Antauen)
- ca. 210 kcal je Portion

1. Zunächst 4 Cocktail- oder Sektschalen vorkühlen. Die Himbeeren in etwa 15 Minuten leicht antauen lassen. Sie dann im Mixer oder mit dem Mixstab fein pürieren.

2. Die Kondensmilch, den Himbeergeist und den Zitronensaft unter die Himbeeren mixen.

3. Das Sorbet in die vorgekühlten Schalen geben.

4. Die Sorbets mit der gewaschenen Zitronenmelisse und den Himbeeren garnieren. Sofort servieren

Tips *vom Küchenteam*

- *Das Sorbet schmeckt auch zur Begrüßung gut. Wenn Sie möchten, füllen Sie es dann mit etwas Sekt auf.*
- *Die Himbeeren können Sie durch tiefgekühlte Erd- oder Waldbeeren austauschen.*
- *Das Sorbet läßt sich auch mit frischen Früchten zubereiten. Bereiten Sie es wie im Rezept bis Schritt 2 beschrieben zu, und stellen Sie die Masse dann für etwa 2 Stunden in das Tiefkühlfach. Die Masse während der Kühlzeit alle 15 Minuten mit einer Gabel gut durchrühren, damit sie schön cremig wird.*
- *Die gezuckerte Kondensmilch können Sie durch 200 g gezuckerte, steifgeschlagene Sahne ersetzen.*

Frischer Beerengenuß mit viel Aroma – so schmeckt der Sommer am besten.

Himbeeren

Sie schmecken frisch am besten, vor allem wenn sie im Sommer im ausgereiften Zustand geerntet werden. Frische Himbeeren gibt es aus der Inlandernte zwischen Juli und Oktober. In der übrigen Jahreszeit kommen sie aus Übersee.

Von A bis Z

Erklärung der Symbole

- für das Raclettegerät
- für den heißen Stein
- für das Kombigerät
- ohne Gerät

Kursiver Begriff = Schlagwort

Für Sie an Feder und Auslöser

Margrit Gutta, Diplom-Soziologin und Autorin zahlreicher Koch- und Backbücher, ist seit vielen Jahren mit Themen rund um Essen, Trinken und gesunde Ernährung befaßt. Die erfahrene Köchin und examinierte Hauswirtschaftsleiterin machte sich bereits während des Studiums selbständig. Sie betreibt heute ein eigenes Food-Studio, in dem Ideen und Rezepte entwickelt sowie Produkte getestet werden. Als Fachberaterin und Foodstylistin ist sie außerdem bei der Realisierung von Foto- und Filmprojekten für Werbung und Lebensmittelindustrie tätig.

Wolfgang und Christel Feiler betreiben seit über 20 Jahren ein eigenes Fotostudio, in dem noch weitere 5 Mitarbeiter tätig sind. Wolfgang Feiler sammelte in mehreren Fotostudios Erfahrungen, legte seine Meisterprüfung ab und machte sich selbständig. Seitdem arbeitet er für die Lebensmittelindustrie, für Werbeagenturen und für Verlage. Seine Frau Christel, die für die Küche und fürs Styling mitverantwortlich ist, assistiert ihm bei der Realisierung seiner kreativen Ideen.

Gesucht – gefunden!

Wenn's schnell gehen soll

Aus aller Herren Länder

Vegetarische Köstlichkeiten

Genuß auf leichte Art

Für schmale Geldbeutel

Edle Genüsse

Köstliches zum Dazuessen

Raffinierte Saucen, Dips & Co.

Für süße Schleckermäulchen

Erklärung der Symbole

- für das Raclettegerät
- für den heißen Stein
- für das Kombigerät
- ohne Gerät

So wird Kochen zum Erlebnis! In dieser Kochbuchreihe präsentieren wir Ihnen die beliebtesten Themen rund ums Essen und Trinken. Fragen Sie in Ihrer Buchhandlung.

Dieses Buch wurde auf chlorfrei gebleichtem und säurefreiem Papier gedruckt.

Der Verlag dankt der Firma AG Sigg, Frauenfeld (Schweiz), für die freundliche Unterstützung.

Die Deutsche Bibliothek – CIP-Einheitsaufnahme

Raclette und heisser Stein / Margrit Gutta. Die Gerichte für dieses Buch fotogr. Wolfgang und Christel Feiler. – Niedernhausen/Ts. : FALKEN, 1996
(ErlebnisKüche)
ISBN 3-8068-4946-3
NE: Gutta, Margrit; Feiler, Wolfgang

ISBN 3 8068 4946 3

Umschlaggestaltung: Peter Udo Pinzer
Gestaltung: Horst Bachmann
Redaktion: Birgit Wenderoth
Bildbeschaffung: Marlene Daniel
Herstellung: Wilfried Sindt
Umschlagfotos: Wolfgang und Christel Feiler, Karlsruhe (vorne: Lammkoteletts mit Käsebaguette, S. 31, und Garnelen mit Chili-Sahne-Sauce, S. 40; hinten oben: Champignonschnittchen, S. 56; hinten unten: Paprikasauce, S. 96)
Rezeptfotos: Wolfgang und Christel Feiler, Karlsruhe
Weitere Fotos im Innenteil: Bildarchiv Huber, Garmisch-Partenkirchen: S. 4, 65 und 77 (ohne Nennung), 29, 43, 52/53 und 116/117 (Giovanni), 72 (Polypix), 49 (Radelt), 84/85 (Schirrmacher) und 123 (Simeone) / **Deutsche Wein-Information (DWI)/Europress,** Mainz: S. 103 / **Christel und Wolfgang Feiler,** Karlsruhe: S. 7, 12/13, 16, 34/35, 48/49, 64/65, 72/73, 90/91, 102/103, 112/113, 125 u. / **Reinhard Tierfoto,** Heiligkreuzsteinach-Eiterbach: S. 34, 36/37 und 87 / **Silvestris Fotoservice,** Kastl/Obb.: S. 35 (Kelvin Aitken), 48 (Eckhardt), 67 (Robert Harding), S. 12 (Hecker), 91 (Heiner Heine), 112 (Gerhard Kalden), 13 (Lenz), 94/95 (Silvestris), 14/15 und 19 (Otto Stadler) und 26/27 (Gerhard Wagner); **FALKEN Archiv: M. Brauner:** S. 96 u. und 115 u. / **W. Feiler:** S. 6, 8, 9 li., 10, 56, 58 u., 80 u., 97 u., 120 und 126 / **HAPO:** S. 73, 105 und 113 / **B. Harms:** S. 37 o. / **U. Kopp:** S. 22, 81 u. und 111 u. / **R. Schmitz:** S. 9 re., 53 o. und 70 / **M. Schwarz:** S. 106 / **Streiflicht:** S. 32 und 127 u. / **TLC:** S. 46, 51 u., 88, 93 u., 101 u. und 127 o.; das Bild auf Seite 125 o. wurde dem FALKEN Verlag freundlicherweise von **M. Gutta** zur Verfügung gestellt.

Satz: Raasch & Partner GmbH, Neu-Isenburg
Druck: Appl, Wemding

817 2635 4453 6271